「空き家・古家」

リスクを極限まで抑えて儲ける

地方は宝の山!

不動産投資

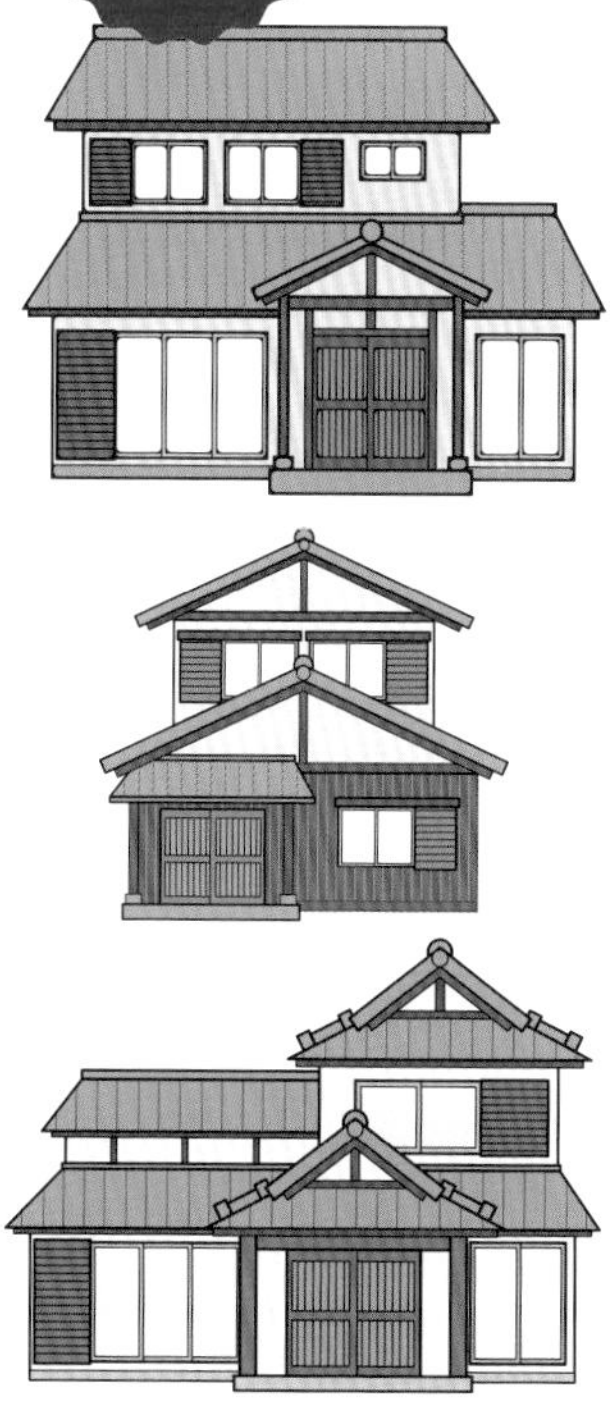

大熊重之

Shigeyuki Okuma

日本実業出版社

RENOVATION

岐阜県岐阜市松下町物件の再生事例

[取り組みの詳細⇨100～102ページ]

▶

外観のカラーを変えて
明るく落ち着いたイメージに

▼

清潔感のある白を基調にリフォーム

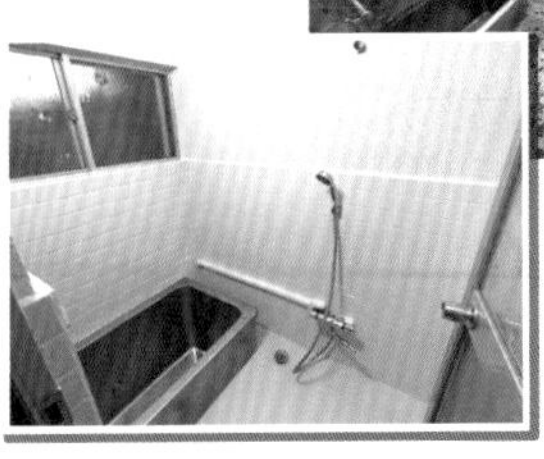

写真提供：中村古家再生士（岐阜エリア）

RENOVATION

石川県金沢市森山物件の再生事例

[取り組みの詳細⇨136～137ページ]

ハシゴの後方にキャットウォークを設置

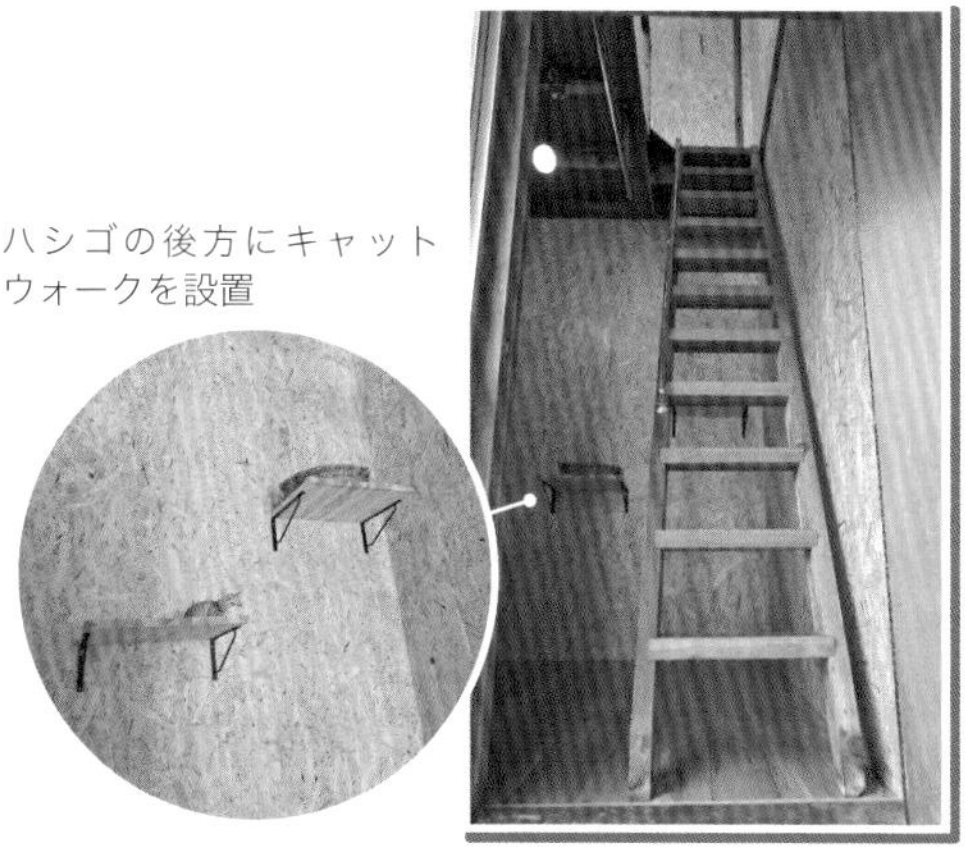

シックでモダンな和室に

写真提供：工藤マスター古家再生士（金沢エリア）

RENOVATION

石川県金沢市金石地区の古民家再生と新たな取り組み

[取り組みの詳細⇨138～153ページ]

築150年以上の元商家を、事務所や宿泊施設として使えるように改装

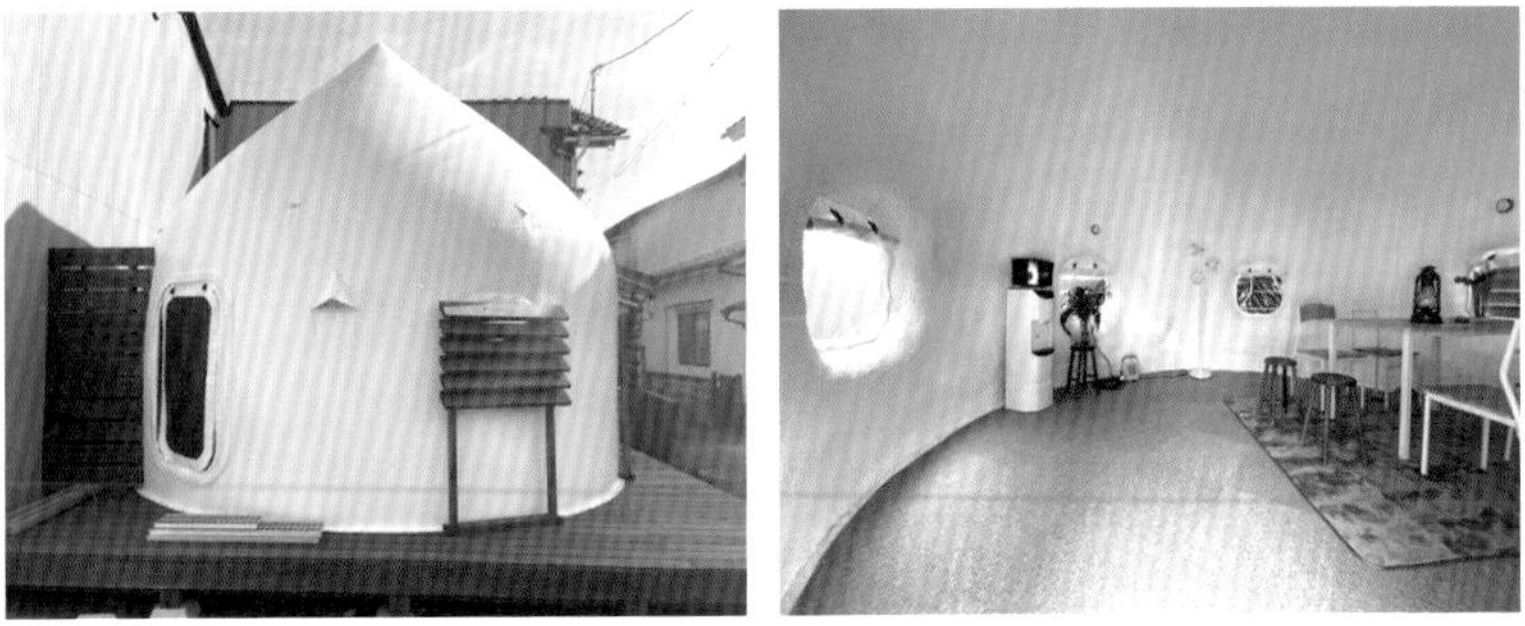

遊休地に簡単に作れる「インスタントハウス」のモデルハウスも設置

写真提供：工藤マスター古家再生士（金沢エリア）

RENOVATION

富山県高岡市大町物件の再生事例

[取り組みの詳細⇨162～163ページ]

1階の土間を駐車場に

玄関をリニューアル

写真提供：折原古家再生士（富山エリア）

RENOVATION

駐車場スペースの再生事例

[取り組みの詳細⇨174～179ページ]

▼

庭を駐車場にして合計２台分の
駐車スペースを確保

▼

車庫の天井を解体して車高のある
車も停められるように

右上：写真提供：川口古家再生士（熊本エリア）
左下：写真提供：高橋古家再生士（福島エリア）

RENOVATION

大阪府阪南市箱作物件の再生事例

[取り組みの詳細⇨182～186ページ]

庭に人工芝を張って雑草の繁殖を防ぐ

汲み取り式トイレも見違えるようにキレイに

写真提供：森下古家再生士（阪南エリア）

RENOVATION

リビングのリフォームで広々とした雰囲気を出す

[取り組みの詳細⇨225～229、240～246ページ]

▼ ▼

台所を居間の壁を取り除いて広々とした空間に

写真提供：永田古家再生士（春日部エリア）

◀

LDK化で外光を取り込みやすく明るい室内に

写真提供：岡古家再生士（奈良エリア）

はじめに ——日本全国で空き家・古家が投資物件になる時代——

「空き家問題」と「老後2000万円問題」から生まれた、これからの投資法

この本を手に取ってくれたあなた。

すでに不動産投資をしている方でしょうか。それとも、これから老後の資産をつくるために興味を持ってこの本を手に取ったのでしょうか。

いずれにしても、築古戸建投資（以下、空き家・古家投資）は、たとえばアパマン投資とは違い、少額の資金から始められる新しい不動産投資です。また、経済の先行きの見えない株式投資よりもリスクが低い投資法と言えるかもしれません。

使われなくなった古い戸建不動産を再生し、新たに賃貸物件として生まれ変わらせる。それが、これから解説していく**「空き家・古家投資」**なのです。

そもそも**「空き家問題」**と聞いて知らない人はいないと思います。現在、日本には空き家・古家が８００万戸以上あると言われていますが、この問題は、もう20年以上も前から

社会的な課題とされてきました。

空き家問題を簡単に言ってしまえば、地方から都市部への人口流出と高齢化により、空き家が増加し始めたのが原因です。その後、２０１３年に日本の国土交通省が「空き家対策の推進に関する特別措置法」を制定し、地方自治体が空き家の所有者を特定し、必要に応じて強制的に撤去できるようになりました。とはいえ、政府も含め、空き家対策の大きな解決策は見つかっていないというのが現状です。

ですから、空き家・古家投資は、全国に多く存在する空き家・古家を投資物件として再生することにより、空き家問題も解決できるという、いわば**社会的貢献も果たすことが可能な投資**なのです。

さて、投資ということに関しては、誰もが将来的な不安から「始めなければ」という気持ちが強いと思います。空き家問題と同じく、将来の不安ということも20年以上前から言われていたことです。

とくに問題となったのが「**老後２０００万円問題**」です。これが大きな話題になったきっかけは、２０１９年に金融庁が発表した「金融審議会 市場ワーキング・グループ報告書『高齢社会における資産形成・管理』」（通称：老後資金２０００万円問題のレポート）

で提起されたことでした。

この報告書では、夫婦が共に65歳でリタイアした場合、公的年金だけでは足りず、老後のおよそ30年間で約2000万円の取り崩しが必要になると発表されました。

この数字は、一般的な生活水準を維持するための生活費から見積もったものです。この発表は大きな話題となり社会的な議論を呼びました。とくに、一般の人々が2000万円を貯めるのは困難であるとの指摘や、公的年金制度への不信感が広がったためです。

この報告書以降、「老後2000万円問題」というフレーズは、老後の生活費に対する懸念を象徴する言葉として広く認識されるようになりました。

私は、この両方の問題を解決するポイントは「**自立**」にあると思っています。

まず、国が決めた規制や制度に関係なく、みずからが住宅の価値・空き家の価値を考えることです。そもそも国が何の制限もなく新築住宅をドンドン建てさせることによる市場のゆがみや、現場・実態に即さない建築基準などがあります。これまでの長期間、それらにより私たちの住宅に対する価値観や思考が変えさせられてきたのです。

いっぽう、教育などで一律の考えに統率し、公的年金を餌《えさ》に1つの企業で1つの仕事（終身雇用）を真面目にこなし、税金を払うことで国・企業に依存するようにさせられました。さらにデフレによる失われた30年間が人々を保守的にし、多様性が叫ばれているいまも、その固定観念は変わりません。

それにもかかわらず、国はアベノミクス以降、投資国家を推奨し無責任な投資をあおっています。私の知り合いにはＦＸに投資し４０００万円の借金をしてしまった人もいます。怪しい投資法を勧めるセミナーなども蔓延《まんえん》するなか、多くの人が投資に足踏みし価値観を変えられないまま不安を抱えているのです。

また、企業からの自立という観点から見れば、２０１７年に「働き方改革実行計画」が閣議決定され、副業が推奨されるようになりました。しかし、大企業では50％以上が副業をおおむね認めているものの、従業員１００人未満の中小企業では30％ほどです。

しかも、時間的余裕がない、体力的に厳しい、どんな副業をしたらいいかわからないといったことで、実際に副業で収入を増やしている人は少ないと考えられます。

つまり、一定の資産を形成するには、結局は何かしらの投資を始めなければ、根本的な問題は解決できないということです。

ですから、**これまでのあなたの価値観を変えなければ、あなたの幸福を追求することができない時代にきている**のだと思っています。

そこで行き着いたのが、「社会や企業からの自立」でした。これが私自身の大きなテーマとなったのです。

小さな工場経営の不安から生まれた空き家・古家投資コミュニティー

私がこの空き家・古家投資を始めたのは、父親から部品塗装の会社を引き継いだものの、下請けから脱却できない不安を抱えていたことからでした。元請け会社からのダンピング要請に耐えられるのか、このまま社員の給料を払い続けられるのか、そんな不安を抱えていたときに出会ったのが空き家・古家投資でした。

それまでに一度、マンションの不動産投資をしたのですがうまくいきませんでした。なかば素人でのマンション投資は副業でできるほど甘くなく、物件調査・物件購入・長期収支シミュレーション・資金調達・入室対策など専門的なノウハウを吸収するには資金以上に時間がかかるからです。

そんな失敗から、資金も少額ですみ、1軒ずつ投資していく空き家・古家投資は、中小企業の経営と並行に行える投資だったほか、物件数が増えることによって会社が〝複収入〟を得ることのできる画期的な方法だと確信したのです。

そうした成功で、私はこのノウハウを「社会や企業からの自立」の旗手として、また、「老後2000万円問題」と「空き家問題」の両方を解決する社会問題解決コミュニティーとして、2016年に**「一般社団法人全国古家再生推進協議会」（以下、全古協）**を立ち上げました。

空き家・古家を投資物件にすることによって、個人は企業以外からの収益を得ることができるようになり、自立できるようになります。同時に、空き家・古家を活用することによって国に頼ることなく空き家を減らすこともできます。

それ以外にも、工事事業者や地域など関連する人たちも自立できるようになります。その結果、2023年12月現在、全古協は**全国で会員数1万4000人を超え、空き家・古家再生件数が2000棟以上になりました**。実際に物件を見学し、その場で買い付けを行ってしまうという**「空き家・古家物件見学ツアー」**（以下、物件見学ツアー）を定期的に開催し、そこから多くの大家が誕生しています。物件見学ツアーの開催地域は全国約30地域で、毎年3～5地域増えています。

空き家・古家を所有する方の悩みを解決し、あなた自身も賃貸物件として資産を築き、入居する方も喜び、工事事業者を助け、地域社会に貢献できる……と、一石二鳥どころか、

全国古家再生推進協議会の活動実績（2023年12月現在）

空き家・古家物件再生戸数	会員数
2017軒	**1万4011人**
空き家・古家物件見学ツアー開催数	空き家・古家物件見学ツアー累計参加人数
1247回	**6528人**

〈空き家・古家物件見学ツアー開催場所〉

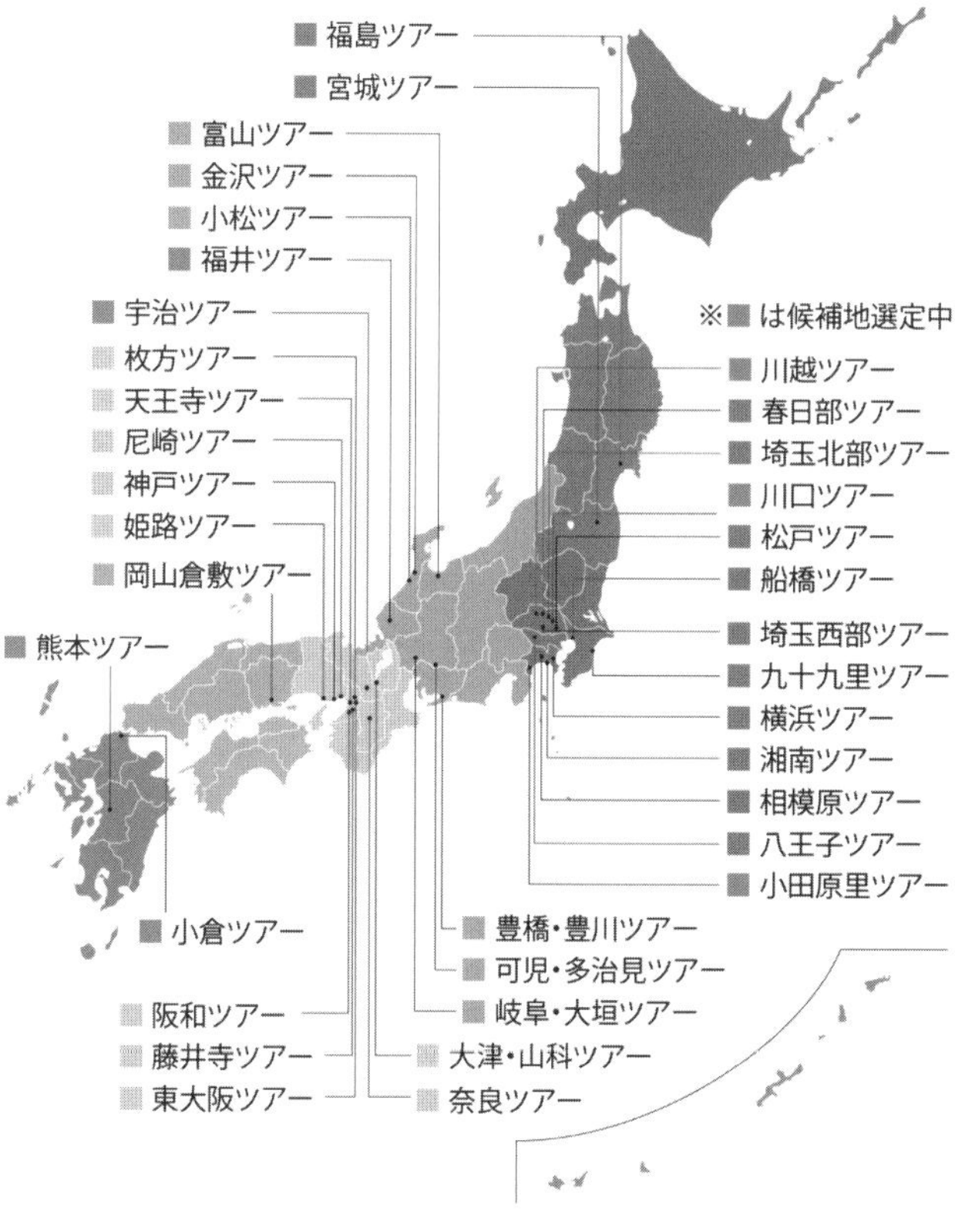

三鳥、四鳥の方法なのです。
まだまだ空き家全体の問題解決には遠いものの、多くの方の自立のお手伝いができると実感しています。

空き家・古家投資は都市から地方へ、いまこそ投資のチャンス！

多くの空き家・古家を再生する全古協の活動を通じてわかってきたことがあります。それは、**同じ空き家・古家でも、都市と地方では大きな違いがあるということです。**とはいえ、私は都市と地方の空き家・古家の価値は変わらないと思っています。もちろん特性はそれぞれにあります。しかし、価値そのものは同じです。むしろ、投資としては地方の可能性が高いと考えています。

「地方の空き家・古家が投資物件になるの⁉」と思う人がほとんどだと思います。しかし、それは知らないことによる勝手なイメージで〝地方と都市の価値を決定づけているにすぎません。私はこうしたイメージを壊すことが、空き家・古家全体の価値を上げることにつながると考えています。そして、地方の特徴を正しく理解してこそ〟投資チャンスは広がります。

そこで、この本では地方の空き家・古家投資の特徴について、実例やデータを使って解説していきます。読み終えたときには地方の空き家・古家投資に対する誤解は解けて、大きなチャンスにワクワクする気持ちでいっぱいになるはずです。

この本では、地方の空き家・古家投資について、全古協が再生してきたエビデンスをもとに、初めての人でもイチからわかるように解説していきます。また、全古協のノウハウを個人で始めやすいよう落とし込んでいきます。

第1章では、空き家・古家投資に対して抱きがちなマイナスイメージに対する誤解を解きながら、投資の魅力と可能性について解説していきます。

第2章では、そもそもなぜ空き家・古家投資が儲かるのか、その儲けのしくみを全古協のノウハウを知っていただきながら、個人で始める際にも参考になる方法を解説していきます。とくに地方で始めるにはどういった点に留意すべきなのかということを中心に、そのメリット・デメリットを挙げながら、地方の空き家・古家投資で成功している方の事例とともに学べるように進めていきます。

第3章は、空き家・古家投資における物件の再生事例の概要を紹介するとともに、地方物件投資をいまだから始めるべき理由を、実際の投資データから検証していきます。

第4章では、空き家・古家投資で儲けるために重要なコスト（リフォーム）についての理解を深めていただきます。とくに地方の物件ではリフォーム代のコスト削減が重要になるので、そうした部分についても詳しく解説していきます。

第5章では、実際に学んでいただいたリフォーム方法を個人でも簡単に始められるように、実践的に解説していきます。より理解を深めていただけるようにリフォーム前、リフォーム後の写真なども掲載し、実践するときにイメージしやすいように示していきます。

第6章では、大家として地方で不動産投資を始めるために知っておくべきことを解説し、始める前に知っておいたほうが絶対に得だという部分に触れていきます。

さあ、それでは地方の空き家・古家投資の世界へとご案内します。

私の願いは、この本を読み終えたあと、あなたにも空き家・古家投資に興味を持っていただくことです。そして、さらに欲を言えば、地方にごまんとある空き家・古家を見て、私ならこの物件にこのように投資してみようとイメージしてもらい、「これだ！」と思ったら実際に投資を始めてもらうことです。

まだまだ宝の山は全国にたくさん眠っています。

地方にある空き家・古家は、あなたの「老後2000万円問題」が解決されるだけでなく、「空き家問題」という課題解決に向けての社会貢献にもなります。

そこには必ず、あなたの新しいステージが用意されています。

2024年4月

一般社団法人全国古家再生推進協議会　理事長　大熊重之

目次

第1章 数ある投資のなかで、なぜ不動産投資が最適なのか？

第2章 なぜ地方の空き家・古家投資は儲かるのか?

第3章

地方の空き家・古家はどう再生されているのか？

第4章 重要！コストを抑えるリフォームの考え方

第5章 実践！ コストを抑えたリフォーム術

第6章

地方で大家になるために知っておきたいこと

カバーデザイン／菊池祐（ライラック）
本文デザイン・ＤＴＰ／初見弘一

第1章

数ある投資のなかで、なぜ不動産投資が最適なのか？

不動産業は「王様業」である

この章では、空き家・古家投資、さらには地方における投資を考えるにあたり、大きく不動産投資におけるさまざまなメリットについて述べていきます。ですので、すでに副業として不動産投資を始めている人、大家業として不動産経営をしている人は読み飛ばしてかまいません。

もし、あなたが不動産投資、そのなかでも空き家・古家投資に興味を持ってこの本を手に取られたのであれば、ぜひとも本章で基本的な知識を得ていただければと思います。

さて投資というと、代表的なものに株式投資、投資信託などがあります。最近ではインターネットやスマホで低額から手軽に投資を始められるので、多くの方が実践しているかもしれません。

しかし、株式市場は値動きが激しく、プロのトレーダーでも失敗する世界です。株式投資はゼロサムゲームと言われるように、1人が大きく儲け残りの人が負けるというくらい、私たちがやるにはあまりにもリスクが高い投資です。しかも、かなりの勉強が必要です。

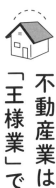

そのため、リスクをヘッジ（資産運用のリスクを減少させるために取られる行動）するために、一定額をコツコツ積み立て投資して長期的な利回りを取る方法もあります。しかし、これだと一気に資産を増やすことはできません。毎月数百万円の積み立てをすれば別でしょうが、それは普通の人にはできません。少額の積み立てであれば運用期間が最低20～30年必要と言われます。

大きな利益を得ようとするとＦＸやビットコインもありますが、投資というより投機であって、安心・安定ではなくハイリスク・ハイリターンでしかありません。私自身、ＦＸで財をなしたという人を聞いたことがありません。

そこで最後に残るのは、やはり「**不動産投資**」です。

不動産投資はもっとも古くからある投資で、投資における最終的なゴールがそこにあると私は思っています。そもそも不動産業は太古から存在しました。王様は〝その地を支配する〟ことで王の称号を与えられました。それは支配した土地に生活する民から税を取ることで、まさに不動産業そのものです。

かつての日本の大手財閥もゴールは同じです。財閥は船舶・炭鉱・織物・行商などから始まりましたが、そのすべてが最後には不動産業をしています。言い換えれば、日本の主要な土地を所有して、そこから家賃をもらっているのです。

金融機関も同じで、土地あっての大家業であり、土地を担保に企業にお金を貸し出します。そして返済ができない企業からは土地を引き取り、売却したりビルを運営したりします。

つまり、**不動産業はすべてのお金の元となっている「王様業」**なのです。

王様は民に知識をつけさせず独占することが利益につなげています。不動産業も同じです。すべての人が関係する業種にもかかわらず、多くの人が不動産についての知識がありません。もしかしたら知識を得にくいようにしているのかもしれません。何よりも資金が必要です。資金という壁で一般の人には手が出せないから不動産業は王様業なのです。

しかしいま、その王様業を低額・低リスクでできる方法があります。それが私の提唱する「**空き家・古家投資**」です。少し高い車1台分くらいからできる王様投資です。あのチンギス・ハーンや徳川家康も、また過去の偉大な王たちも、最初は小さな土地の所領から始まりました。空き家・古家投資も1棟から始める王様業。それは男女問わず、職業も関係なく、誰でもできます。しかも、王様のように命を取られることもありません。

不動産投資は副業といえども1人の経営者

副業時代のいま、サラリーマンで不動産投資を考えている人も大勢います。全古協の会員に、サラリーマンのかたわらで空き家・古家投資をしている人は、全体の７割ほどいます。

そこで１つ頭に入れておいてほしいことがあります。それは、**大家業は「経営」だということ**です。そこで経営という観点から考えてみましょう。

ほとんどの業種で儲かるビジネスは寡占化《かせんか》が進みます。寡占化とは、簡単に言えば少数の大企業が市場を支配してしまうことです。たとえば、携帯電話は大手３社（ＮＴＴドコモ、ａｕ、ソフトバンク）で市場のほとんどが占められています。ビール業界、新聞、メディア、ドラッグストア、銀行、コンビニもそうでしょう。こうした寡占化が進んでいる業界では、価格決定力や経済の規模で新規参入ができない状態になっています。

しかし、不動産業界は古くからある業種にもかかわらず寡占化が進んでいない業種です。業界大手であっても圧倒的なシェアを占めているわけではありません。その理由は次のようなことが考えられます。

1 複雑な多様性

不動産業とひと言で言っても非常に幅広く多様な業界です。仲介、開発、賃貸管理、リート、土地活用提案、リノベーションなど多岐にわたる業務が存在します。各セクターが異なる専門性を持っているため、一企業がすべてを独占することは困難です。

2 地域性

不動産はその性質上、地域性が強いものです。1つの都市、あるいは1つの地域での専門知識やネットワークが、ほかの場所で必ずしも役立つとはかぎりません。そのため、特定の地域に強い中小企業や個人オーナーが多く存在しています。

3 物件の個別性

不動産物件は、その場所や建物の特性により異なるため、定石《じょうせき》の戦略やサービス提供が難しく、それぞれに対応しなければなりません。

4　市場の参入障壁

とくにデベロッパー（不動産開発業者）業界などでは、初期投資が大きく、リスクも高いため新規参入は難しくなっています。しかし、これが逆に既存の企業が市場を独占することを難しくしています。

5　法的制約や規制

不動産業は多くの法的な制約や規制が存在します。これにより、急激な市場の変動や1つの企業の圧倒的な市場支配が難しくなっています。

6　消費者の選好

物件の選び方、契約の条件、サービスの質など、消費者の選好は非常に多岐にわたっています。このため、1つの企業がすべての消費者のニーズを満たすのは困難です。

7　地方と都市のギャップ

地方の不動産市場と都市の不動産市場は、需要の構造や物件の特性が大きく異なることもあり、1つの企業が全国規模で独占するのは困難です（この本ではとくに、この地方と都市のギャップを大きなテーマにしています）。

このように、不動産業界は大手の参入障壁がありながら、収益率が高く、流行《はや》り廃《すた》りがないために継続できるビジネスで、こうした業界はほかにありません。個人・零細企業でも参入できるのが不動産投資の強みです。

私は空き家・古家投資は不動産投資への入口・スタートであると考えています。低額からの投資で不動産投資の知識と経験を積むことによって、そのほかの不動産投資へのチャレンジも容易に行えるようになります。

たとえば、いきなり高額の区分マンションや一棟物件を購入したとしても、知識と経験がなければ不動産業者や管理会社の言いなりになってしまいます。それは、依存状態になるということで自立とは真逆の方向へ行ってしまいます。ですから、**空き家・古家投資で小さく経験を積んで大きく勝負するときのためのノウハウの蓄積をする**ということです。

もちろん、空き家・古家投資だけでも十分な収益が得られるので、それで悠々自適に老後を過ごすのもいいし、それをもとにほかの事業をすることもできます。

私の知人に証券会社に勤めていた人がいます。脱サラして訪問介護の会社を立ち上げました。その際に独立する勇気となったのが、サラリーマン時代から空き家・古家投資で得ていた家賃収入でした。彼は5軒ほどの物件を持っていたので、おそらく月30万円くらいの収入にはなっていたと思います。

「家賃収入があれば、独立当初の苦しい時期を乗り越えられる。万が一、介護事業がダメであったとしても、家賃があれば何とか食べていくことはできる。家賃のおかげで勇気を持って決断ができた」と言っていました。

その後、彼は順調に訪問介護事業を進め、いまや次の展開の準備をしています。持っていた戸建賃貸をすべて売却して資金をつくり、訪問介護からグループホームへのステージアップです。このように不動産の賃貸・売買を活用して、次のステップの土台にすることもできるのです。

また、空き家・古家投資をすることでビジネスの感覚を養うこともできます。私も、町工場の経営だけをしていたときは「利回り」という言葉すら知りませんでした。不動産投資を始めて、これまでと違う経営感覚を身につけることができたのです。

また、財務諸表の貸借対照表（B／S）を意識するようになり、B／Sをより深く知ることでB／S（資産）で稼ぐことができるということを知りました。不動産投資をすると、顧客目線やマーケットの概念、物件のリフォームでは人材育成・チームづくり・適正基準、売買の際には資金調達や財務など、経営の「人・モノ・カネ・情報」のすべてを経験することができます。何より自分自身の視野が広がることが大きな財産となります。つまり、自立への強力なエネルギーとなるのです。

経営という観点から、空き家・古家投資は誰でも始めやすく、将来に希望が持てるビジネスだということがわかります。

不動産投資はほかの投資に比べ収益性の高い投資法

投資における収益率を考えてみましょう。たとえば、投資信託・積み立て投資はどうでしょうか。おそらく4％前後の利回りが普通ではないでしょうか。

もちろん、短期的には7～9％のような大きな利回りを得ることもあるでしょう。しかし、長期的に見ると常に10％を超えるパフォーマンスを出す人はほとんどいません。なぜなら、こうした投資もゼロサムゲームで、大半の人が負けるからほんの一部の人が勝てるという世界だからです。

実際に、不動産業も王様業といったものの、利回りで10％を超える物件が少なくなってきているというのが現状です。そのなかで、唯一、**10％を超えるのが空き家・古家投資です**。しかし、同じ築古物件でも一棟マンション・アパートだと投資額が大きくなります。大規模修繕費や設備維持費が大きく、返済できなくなるリスクもあります。

たとえば、地震で基礎に影響が出て空き室だらけ、競合の新築ができて入居が決まらないなどがあります。また、区分マンションだと自由が利きません。修繕積立金や管理組合への費用もあります。しかも前述したように、多くの人が不動産の知識やノウハウ・経験がありません。

戦国時代、桶狭間《おけはざま》の戦いの織田信長のように、いきなり大きな勝負に出るのは無謀です。リスクが高すぎます。まずは空き家・古家投資から始めるのが適切なのです。利回りが10％を超えるものをコツコツと積み上げることこそ、不動産投資のリスクヘッジだと確信しています。

とくに、**空き家・古家投資において、利回り10％はリスクが低いと言えます**。なぜならば現物資産なので株のように紙切れ（ゼロ）になることはまずありません。また、不動産投資（インカムゲインの場合）は不況時に強いと言われています。過去の歴史を見てもリーマン・ショックや東日本大震災でも家賃相場は大きく下がっていません。逆に上がったところもあるくらいです。

一般的に、投資活動全体における不動産投資の割合は5％くらいです。その不動産投資のなかでも、空き家・古家投資は4～5％という希少性の高い投資です。その希少性は知識不足、経験不足につながります。勉強できる本や教材、教育機関も少なく、それゆえにプロは、こうした情報格差で儲けられるのでビジネスになるのです。

しかし、空き家・古家投資はしっかりと知識をつければ特殊な能力や属性（「性別」「年齢・世代」「最終学歴」「職業」「住居」「年収」「世帯年収」「居住地域」など）が必要なわけではありません。誰にでもできるのであれば、すぐに投資家が増えて、利回り自体も落ちてくるのではないかと心配する人もいるでしょう。たしかに、そうした傾向はあると思います。全古協もその一因になっているかもしれません。

ただ前述したように、不動産業界は幅広く規模が大きいマーケットです。多少投資家が増えたとしても、それほど大きな変化にはなりません。何より大きな問題は、不動産について勉強する人が圧倒的に少ないことです。大家業をしている人ですら、昔から地主がやっている慣例通りに、不動産業者から言われた通りに買っている人がたくさんいます。しっかりと知識と経験を積んでいる人はひと握りなのです。ですから、いまから始めても十分勝てるマーケットであり、不動産業は永遠につづく事業なのです。

空き家・古家投資の利回りは10％以上をたたき出す

全古協では、２０２２年の１年間で２１２戸の空き家・古家を再生しました。平均購入額は３１８万円、平均工事額（リフォーム代）は２７９万円、平均想定家賃６万４０００円です。もちろんこれは、首都圏などの都市部が多いのはもちろんなのですが、地方を合わせた全国平均になります。

平均利回りは12・9％になりました。また、２１２戸のうち入居が決まった家の平均確定家賃は６万８０００円で、確定利回りはおよそ14％と、想定より１％近く上がっています。本当なのかと疑う人もいるかと思いますので、実際に空き家・古家投資を始めた全古協の会員の方たちに行ったアンケートの結果を載せておきましょう（32ページ、上図参照）。

このアンケート結果を見るかぎり、90％以上が利回り10％以上を確保しています。条件

あなたのこれまでの「空き家・古家再生投資」における最高利回りを教えてください。

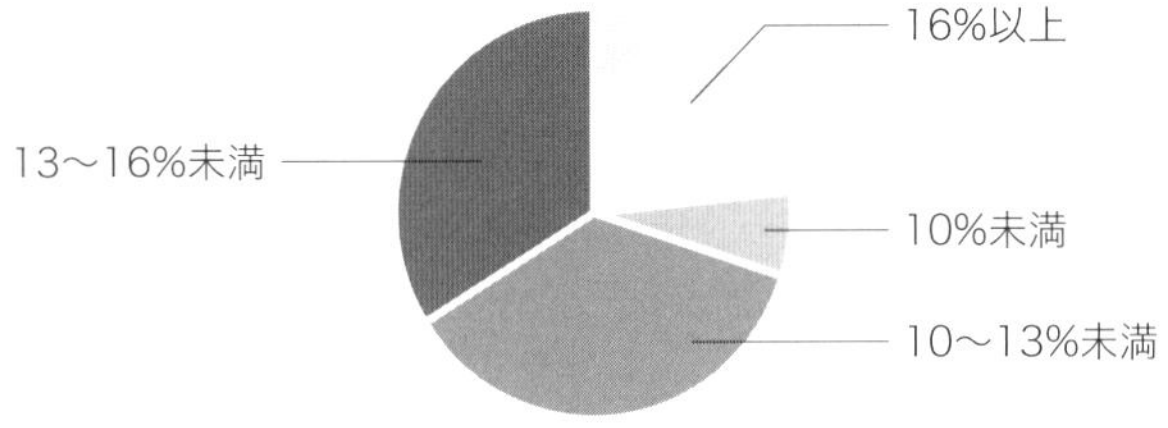

90件の回答

あなたはコロナ禍でも「空き家・古家再生投資」による家賃収入があって「助かった」と感じたことはありますか。

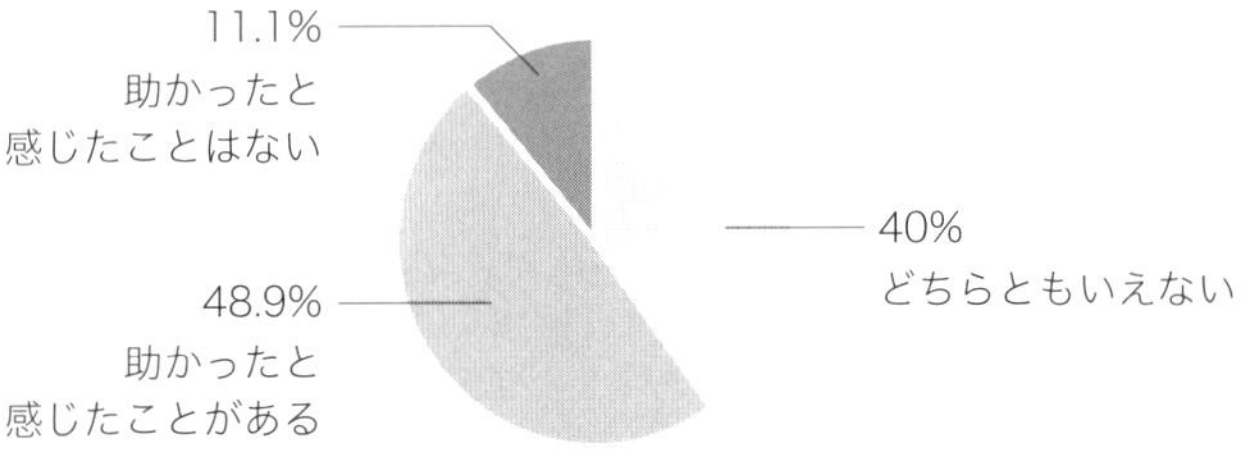

90件の回答

によっては、20％近くの利回りを出す人もいます。

ただ、高利回りだけを追い求めると購入が難しくなりますので、再現性・リスクヘッジなど利回り以外のメリットも考えて柔軟に投資するのが大切だということをご承知おきください。

空き家・古家投資は突発的な出来事でも生活を救う

２０２０年に突発的に起こったコロナ禍。時代を揺るがす事態にライフスタイルも激変し、生活が困難に陥った人もいるかと思います。ウイルスという性格上、店は閉鎖を余儀なくされ、店舗の家賃やスタッフの給料だけが出ていきました。国から受けた給付金も底を突き、特別融資は返済期間を迎えても支払えず、どうしようもなく店を閉めざるを得ないところが続出しました。

企業も大きな影響を受け、内部留保の少ない企業では従業員の給料が支払えず、働いている人にもかなりの困難が強いられました。

これから何が起こるか、先行き不透明な時代に本格的に突入したと言ってもいいでしょう。それゆえに「備えあれば憂《うれ》いなし」の投資をすべき時代なのかもしれませんが、投資のなかでも不動産投資には家賃収入という一定の収入があるため窮地を救ってくれます。

私の経営する工場もコロナの影響をもろに受けましたが、空き家・古家投資によって賃貸物件を複数所有していたため、会社を安定的に回すことができました。ですから、とくに経営者の方には、私はこうした複収入をつくることを強く勧めています（くわしくは拙著『空き家・古家不動産投資で利益をつくる』（フォレスト出版）を参照）。

全古協の会員の方たちからも、コロナ禍での家賃収入に助けられたという声を多く聞きました（32ページ下図参照）。

アンケートでは約半数の人が、家賃収入があることでコロナ禍の状況でも助かったと回答しています。実際の声を聞いてみると、「残業が減って収入が下がったけれど、家賃収入があるのでそれほど痛みを感じなかった」「コロナ禍で会社の状況が悪くなり転職しました。そのときに家賃収入があったことが不安を和らげてくれました」「コロナ禍でも家賃収入にはまったく影響がない。心の安定に寄与しています」など、精神的な安定が家賃収入によって得られたことがわかります。

たとえ数万円の家賃でも安定的に入ってくる収入はとてもありがたいものです。これは家賃収入を得ている人にしかわからない感覚かもしれません。とはいえ、身の丈《たけ》以上の大きな借金での不動産投資は精神的な安心を生みません。その点、空き家・古家投資であれば、自分に合わせて少しずつ物件を増やしていけます。つまり、自己収入のポートフォリオを組むことができるのです。

また、こうした経済的な心の支えが、会社に縛られず自由に生きる選択肢も与えてくれます。家賃収入があるため、会社での人間関係にも余裕が持てるようになります。経済的なゆとりがあれば会社でも堂々とした振る舞いができるようになりますし、たとえ会社を追われても次のステップへ進む心構えができ、肝《きも》も据わります。

全古協で空き家・古家投資によって起業・独立ができそうか、そんな質問を投げかけてみました（37ページ参照）。

すると、驚きの結果が出ました。起業・独立を積極的に検討できていると回答した人が4割弱、実際に独立できたという人と合わせると、実に半数近い人が会社に縛られることなく生活しています。

実際に話を聞いてみると、「母親の介護で大手企業を退職しました。そのときの家賃収入が会社を辞める決断の助けになりました。現在では家賃収入で生活に不安なく、親の介護をしながらできる仕事を探しています」といった声がありました。また空き家・古家投資のおかげで出世してしまった話も聞きました。「家賃収入がある程度に達したので、会社や上司に気をつかわず意見を言えるようになりました。そのせいか自分が指摘したことや提案事項が経営陣に認められ責任者になりました。いまでは部下にも会社に遠慮なくドンドン意見することを勧めています」。会社からの収入への依存度が下がったことで、自分自身の本当の能力を引き出せるようになった例です。

　このように、空き家・古家投資を始めた人は、新しいライフスタイルを手に入れています。

コロナ禍でも副収入。家賃収入で助かった人たちの声

　実際に、コロナ禍でも乗り越えることができた方々の声をお聞きしました。とくに個人事業主の方にとってコロナ禍は仕事が激減した時期であり、何かしなければと不動産投資

あなたは「空き家・古家再生投資」による家賃収入があるため起業・独立ができた、もしくは、起業・独立ができそうと感じたことがありますか？

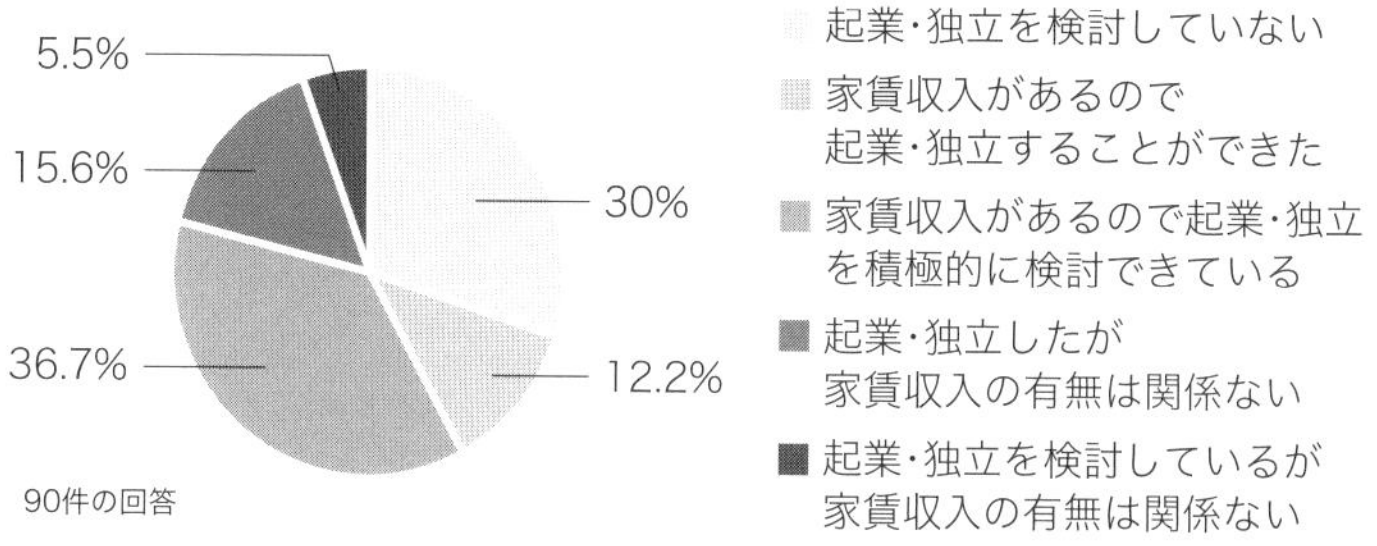

を勉強して空き家・古家投資を始めた人も多くいます。

■個人事業主のSさん

私はＩＴ関連業務の仕事をしています。コロナ禍になったときに仕事が激減するだろうと想像しました。そのなかで仕事場である事務所の家賃、いわゆる固定費だけは確保しなければなりませんでした。

でも、戸建の家賃収入があったので不安は少なくてすみました。私は戸建5戸を所有していましたので、月22万３０００円の家賃収入がありました。これで十分、事務所の家賃がまかなえます。個人事業なので固定費の家賃さえ補えれば助かります。

結果的には、仕事にはコロナの影響はあま

り受けなく、そのまま収益を出し続けています。いまでは家賃収入がある安心感から、毎年8月は1カ月まるまる休暇を取るようになりました。これもすべて空き家・古家投資のおかげです。

■サラリーマンのTさん

コロナ禍で勤めていた会社が大打撃を受けました。実際に仕事も減ってしまい給与も少なくなりました。この会社はやばそうと思って転職しました。そのときには家賃収入が月に20万円ほどあったので、不安が少なく転職できました。いまでは大手企業に転職が決まり、その属性を活用して不動産投資をより進めています。

■海外事業をするKさん

海外との取引がある仕事をしています。コロナ禍で売上が80％以上激減しましたが、家賃収入のおかげで生活に不安なく事業も継続できました。２０２３年、コロナ禍も明けて仕事がかなり戻ってきています。

このように経済の大きな激変があるときに家賃収入があると柔軟に対応できます。また、家賃収入が精神的な基盤になり冷静な判断につながります。空き家・古家投資にかかわらず大家業はリセッション時に強いと言われます。

そこで、大家業と株式投資のメリットとデメリットをまとめて比較して一覧にしてみました（40ページ参照）。ぜひ自分に合った投資を考えてみてください。

企業も副業時代。経営者こそ始めてほしい空き家・古家投資

先ほど、経営者の方に空き家・古家投資で副収入をつくることをお勧めしましたが、最後にこの投資法があなたの会社にとっても有益であるということをお伝えします。

何より経営者が会社として空き家・古家投資（大家業）を始めることは実に多くのメリットがあります。

最も重要なことは、本業にはない経営の勉強ができることです。とくに中小企業の社長は簿記・会計に弱い方が多いのですが、不動産会計は単純に貸借対照表（B／S）を中心にした会計のため、そのしくみが頭に入ってきます。

株式・不動産投資のメリットとデメリット

株式投資

メリット	デメリット
●キャピタルゲイン ・短期売買可能 ・換金性が高い ●インカムゲイン ・配当所得 ・株主優待 ●節税 ・iDeco、NISA	●損失ダメージが大きい ・ハイリスク・ハイリターン ●相場を正確に読むことはできない ・プロでも勝てないときもある ●時間に拘束されやすい ・デイトレーダーは不自由

不動産投資

メリット	デメリット
●実物資産としての資産価値 ●安定した家賃収入 ●節税 ●インフレ・デフレに強い ●経営者としての信用力 ●正しく学べば誰でも成功できる ●一度軌道に乗れば手間なし ●管理・メンテナンスを外注できる	●リカバリーが効きにくい ●基礎から体系的に学べるところが少ない ●すぐに換金できない

とはいえ、これだけの理由で始めるには役員会などで反対の声があるかもしれません。そうであれば、投資額は少額ですので、まずは自身のお金で1軒購入して個人の収入を増やすだけでも意味があります（もちろんサラリーマンの方も同様です）。

小さな会社のなかで一番大きな経費は社長の給与です。いざというときに社長の給与をゼロにできるくらいの家賃収入を持っていれば企業経営のリスクヘッジになります。

しかし、本業以外に手を出すことにためらう人もいるでしょう。そこで、ここでも全古協の会員のなかで実際に会社を経営している方へ「空き家・古家投資をして、本業に良い影響があったかどうか」を聞いてみました（42ページ参照）。

回答数が少ないため参考値として見ていただければと思いますが、結果の通り、経営者で大家業が本業に良い影響を与えていると感じていない方は30％に満たず、多くの人が良い影響があったと感じています。

不動産業にかぎらず、どんな事業でも新しく始めることに恐れ・不安は付きものです。それを軽減する役割が家賃収入です。企業経営とは心の負担が大きい仕事です。経営者がうつ病になる割合は、全体の30％とも言われていますから。

空き家・古家投資は本業にも良い影響を与える

「空き家・古家再生投資」はあなたの「大家業以外」の会社経営（本業）に良い影響を与えていると感じていますか。

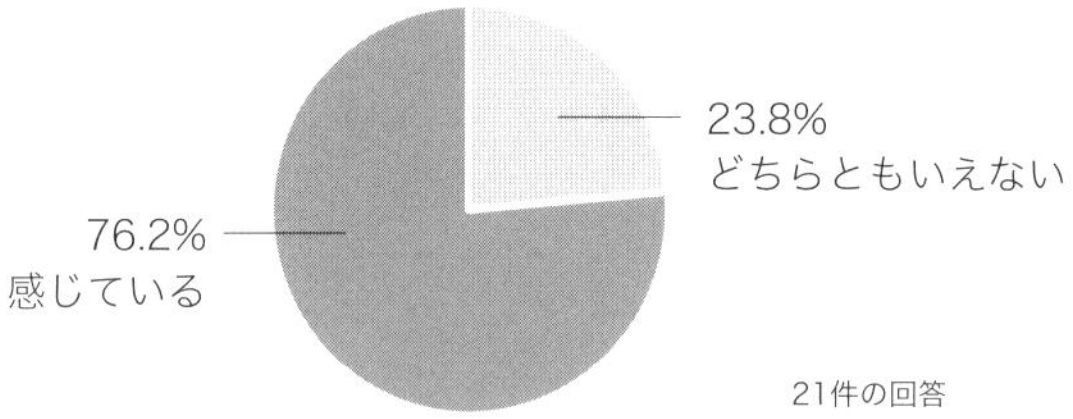

そこで、大家業とは直接関係ありませんが、経営者が抱える不安と不動産投資、大家業が与える役割の関連について挙げてみました。

・売上が安定しない

⇩毎月決まった家賃が必ず入るため大家業は安定する（入居者に滞納があっても保証会社から入ります）。

・優秀な人材が確保できない

⇩大家業に人材は必要ない。優秀な人材なしに安定収入をつくることができる。また、大家業をすることによる企業の安定や福利厚生で求人の条件が良くなり、いい人材を確保することもできるようになる。

・社内の人間関係がうまくいかない

⇩大家業に社内の人間関係は必要ない。外部の人間関係は重要であるが、古くからある業種なので外部人材が豊富。物件購入・リフォーム工事・入居者付け・

管理など、それぞれのパートでシステムや会社が確立されている。

・相談相手が見つからない

⇩経営者は孤独。そういった意味で相談相手がいないのはほかの業種でも同じ。大家業にはセミナーなど勉強できる環境があり新しい仲間ができる。

・プライベートを確保できない

⇩大家業は時間を取られない。不動産業は業務をほかに移管できるしくみが確立されているので、トップとして判断する役割のみに集中できる（副業としてやる場合には、本業＋αとして時間は多少必要となるが十分両立できます）。

・コスト削減ができない

⇩大家業は安定と引き換えにコスト削減もしにくく家賃も上げにくい。だからこそ導入（購入）するときが重要（いまの経済では一番コストがかかるのが人材で、不動産業はそれを必要としない、少人数でできる業種です）。

・経営のモチベーションが上がらない

⇩大家業は勝手に家賃が入るため、その意味ではモチベーションは上がらない。しかし、家賃収入が増えてくると心に余裕が出て、その結果、本業のモチベーションアップにつながる。

・人材が定着しない

⇩大家業はそもそも人材が必要ないので定着は必要ないが、会社が副業でやっている場合、本業の人材定着にも効果を発揮するようになる（福利厚生の充実や給与アップ・開発予算増などによって本業の人材が定着します）。

いささかこじつけではないかと思われるかもしれませんが、私自身が経営者として実感してきたことです。

現に大家業を始めてから、本業におけるキャッシュフローの心配はなくなりました。大家業を会社の副業としてやることで、企業のポートフォリオができ上がるのです。

企業も副業の時代です。私は自分の会社（製造業）でさまざまなことに挑戦してきました。下請け業では安定しないと考えて、作業時間を短縮し時間を売る業態にしたり、金型屋、成型屋《せいけい》、印刷屋、デザイナーなどと組んで雑貨メーカーを立ち上げたこともあります。ノウハウを生かして製造業のコンサルタント事業を始めたこともありました。しかし、どれもうまくいきませんでした。

それはそうです。そんな簡単に新規事業が生まれれば苦労はしません。

ユニクロの創業者、柳井正さんの有名な本に『一勝九敗』（新潮文庫）がありますが、あの柳井さんですら数々の失敗のうえにユニクロの成功がありました。ましてや、私のような凡人では1勝20敗でも30敗でもおかしくありません。

そんな私でも、まったく知らなかった世界でそこそこの成功をつかむことができました。ですから、まずは不動産投資なのです。それも少額からできる空き家・古家から始める大家業（不動産賃貸業）なのです。

新規事業を始めるなら、いきなり始めるよりも大家業で経験と予算を貯めてからのほうがうまくいく可能性が高くなります。むろん本当にやりたいことをあきらめるわけではありません。やるにしても順序の問題です。

私は、中小零細企業の経営者はもちろん、コンサルタントや士業の方・個人事業主にとっても、空き家・古家投資は最適だと思っています。これらの業種の方は、自分自身の体が資本になっています。万が一、体調を崩して働けなくなるとたちまち収入がなくなります。また、感染症や災害、法律の変更や経済の転換点など、自分ではどうすることもできない外的変化の際には事業の転換も必要となります。

変化への対応には時間がかかります。その際に収入がないと、経営判断に迷いが出てきます。もし会社が倒産する間際の状況に置かれれば、経営者が資金繰りに走り回り、本業に力を入れることができなくなってしまいます。

本来やるべき仕事をほったらかし、目の前のことしか考えられなくなるのです。そんな状況で将来へ向けた経営判断などできるはずはありません。心のゆとりが良い経営判断を呼び込むのです。

戸建賃貸の魅力を管理会社に聞いてみると……

不動産業界から見て空き家・古家投資をどう判断しているか、関東のある管理会社に聞きました。彼らから見ると、空き家・古家は中古の戸建賃貸という括《くく》りになり、空き家であろうが古家であろうがリフォームされた戸建賃貸になります。

しかし、この戸建賃貸は需要が高いにもかかわらず、物件数が少ないのが現状です。つまり、物件によっては入居者が付きやすく、管理会社から見てもマンションのように共有部分がないので管理のしやすい物件と考えられます。彼らに戸建賃貸の魅力をうかがうと、次のようなことが挙げられました。

- 小さい子どもがいる家庭などでは音がうるさいという問題が生じる。そのため入居者からアパート・マンションでは気をつかったが戸建なら安心して子育てができるという声は多い（戸建はファミリー層が主流です）。
- 自由に使えるスペースが増える。アパート・マンションより収納が多いことや部屋数が多いことが大きなメリットの1つ。余った部屋をクローゼットや子ども部屋、仕事部屋（パソコンや書棚を置く）にすることができる。
- 古さやデザインが気にならない方にとって戸建は割安感がある。
- ペットを飼うことができる（ペットを飼う世帯が増えています。しかし、その需要に応えられていないのが日本の賃貸不動産市場です。戸建を提供することでペットを飼う方の選択肢が増えます）。
- 外観は古いが中に入るときれいなのでサプライズ感がある（空き家・古家再生の基本は、中から外です。雨風防止や安全性の問題は最優先ですが、部屋の中を優先してリフォームし、次に外観となります）。
- 家賃の融通が利く（利回りが高いので、ある程度は家賃の幅を取ることができます。その対応が客付け業者に喜ばれます）。
- 初期費用が思ったよりもかからない（入居者にできるだけ負担をかけないように初期費

用を抑える大家さんが多く、その分、申し込みの決定率が上がります)。

- 近隣の利便性(たとえ駅から遠くても戸建の多い住宅街では、病院・スーパーなど生活に便利な場所にあることが多いので入居者にとっても安心感があります)。
- 入居前の改善リフォームの対応力(これについては第4、5章で詳しく解説します)。
- 新しい物件は気をつかう(こういった声はたまに耳にします。日本人ならではの感性なのかもしれません)。
- 家を購入する前の仮の住まいとして利用できる(若い方で住宅ローンを組む前の住まいとして使われる方もいます。新築住宅ができるまで入居したいという方もたまにいますが、その際は割増料金の交渉をしてもいいでしょう)。

以上のように、客付けする業者からも戸建はアパート・マンションと違って目的がはっきりしており、なおかつ需要が供給を上回っているために扱いやすい物件です。

つまり、戸建賃貸はアパート・マンション不動産投資よりも効率のいい投資ということができるのです。

第2章

なぜ地方の空き家・古家投資は儲かるのか？

地方の空き家・古家投資における「5つの誤解」

いまでこそ空き家・古家投資は不動産投資の1つとして認知されるようになりましたが、収益性の良かった都市部（三大都市圏）は物件そのものの価格が上がり、利回りを確実に15％以上確保できるお宝物件は少なくなっています。今後も都市部の利回りは落ちる方向であると予想します。

それなら、地方都市を中心にした物件に目を向ければ安定した利回りが出せるのではないか。そう考えて、全古協でも地方の空き家・古家投資に早くから動き始めました。当時は地方に関するデータが少なかったものの、「私たちの取り組みは地方でも必ず有効である」との信念で地方の空き家・古家投資を進めてきました。

全古協の会員も都市部での投資で成功している人がほとんどでしたから、読者の皆さんが「本当に地方の空き家・古家投資は儲かるの？」と思っているなら、当時の会員のイメージしていたことと同じだと思います。

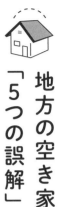

そこで、そうしたイメージとそのギャップについて調査すべく、全古協の会員に地方の空き家・古家投資に対するアンケートを取ってみました（回答数147／328件、52ページ図参照）。その結果、地方への投資に対するメリットは感じるものの、デメリットも感じている人もいました。

デメリットを感じる理由としては、地方は都市群と比べて「入居が決まりにくい」「不動産価値を維持できない」「融資を活用しにくい」「物件の管理がしにくい」「取引や現場調査などでの交通宿泊費など余計にお金がかかる」などが挙がりました。

空き家・古家投資に興味があり、勉強もしている当コミュニティーの会員ですら躊躇《ちゅうちょ》しているのですから、ふつうの人ならもっと強く抵抗感を感じているかもしれません。しかし、このように感じる地方のデメリットは、実は大きな誤解です。というのも、実際にすでに地方で投資を始めている人の話を聞いても、またデータの上でも、それが誤解であることがわかるからです。

多くの人がデメリットと感じている部分は、それこそイメージによってつくられたものにすぎません。

アンケート結果で多かったイメージは、**「入居が決まりにくい」「不動産価値を維持でき**

イメージが先行する都市と地方の空き家・古家投資

〈地方エリアと都市エリアの投資イメージの違い〉

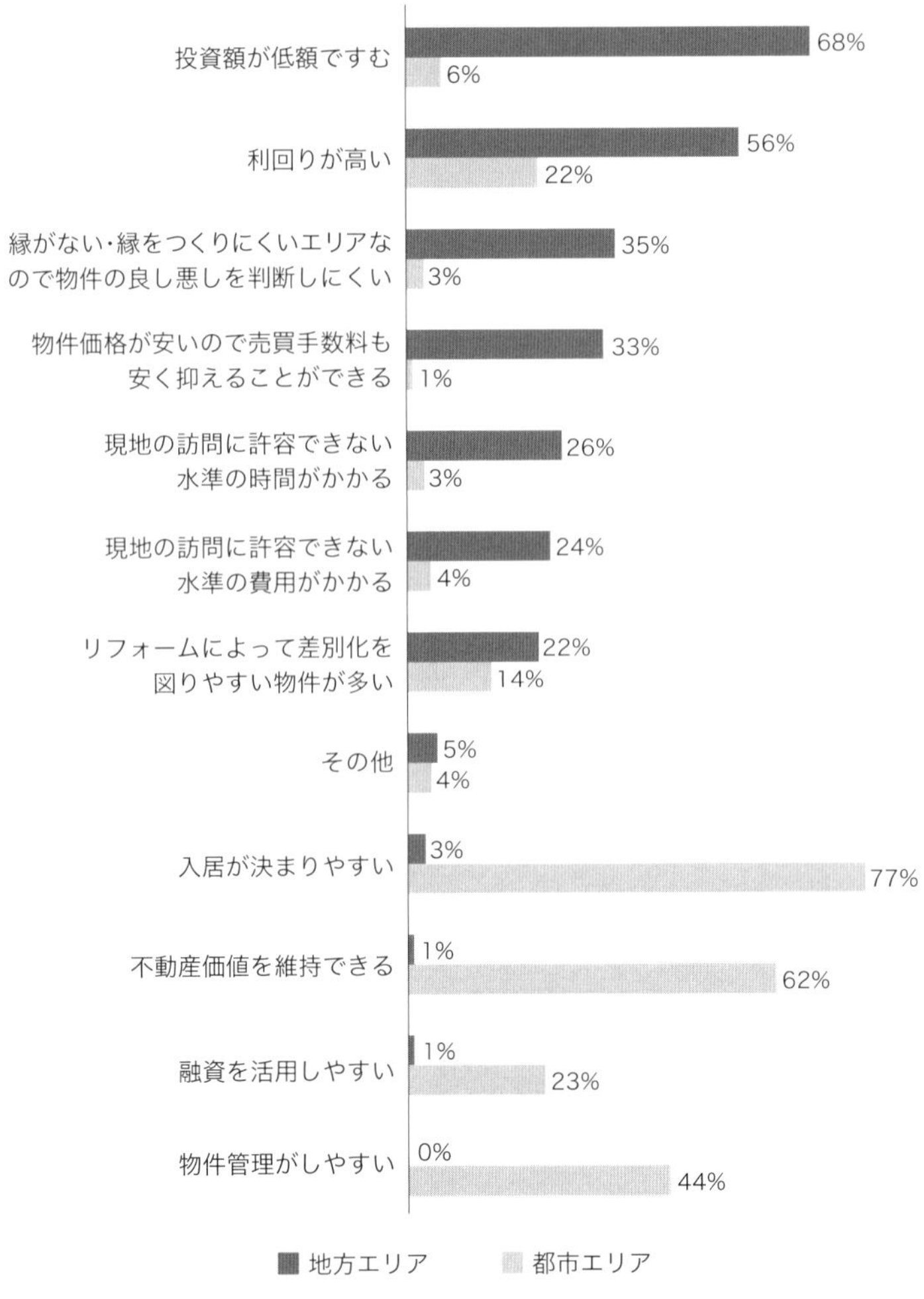

ない」「融資を活用しにくい」「物件の管理がしにくい」「取引や現場調査などでの交通宿泊費など余計にお金がかかる」という5つでした。そこで、この上位5つの回答について、大いなる誤解であることを検証していきます。

1 入居が決まりにくい

アンケートの回答のなかでもっとも多かった、地方では「入居が決まりにくい」というイメージです。しかし、このイメージには根拠がありません。

人口が減少している時代に、ましてや地方なら当然、入居者は決まらないだろう、空き家率が高いだろう（マンション・アパートも含む賃貸住宅全般）と思われがちです。

たしかに、人口の減少はありますが、それは都市でも同じです。細かく見てみると人口増加のところはありますが、あくまでも一部です。この傾向は都市でも地方でも変わりません。

地方は空き家率が高いということはありますが、空き家数では圧倒的に都市部（三大都市圏）になります。しかも、これらのデータのほとんどがマンション・アパートでの空室率です。

そもそも賃貸住宅のなかで空き家・古家は数が少なくデータそのものがありません。実際に、福島県会津市で戸建の賃貸住宅を調べたところ1軒もありませんでした。そこで会津市で空き家・古家を再生してみたところ、すぐに入居者が決まりました。しかも、想定以上の賃料で貸し出すことができたのです

以前、あるセミナーで話を聞いたことがありました。それは住宅・不動産購入や売買をサポートする情報サイトの多くの賃貸のデータはアパート・マンションのデータで、まとまった戸建のデータはないということでした。あまりにも物件が少ないので統計にならないそうです。

ですから、**戸建賃貸にかぎって言えば、「地方だから入居が決まりにくい」という根拠（エビデンス）はない**ということです。

2 不動産価値を維持できない

そもそも物件を高く買えば、都市部であろうと価値は維持できません。

不動産の価格というものは「需要と供給と金融」で決まります。都市部では、投資資金が集まるため需要と供給に関係なく価格が上がることがあります。需要より高く買えば、もちろん価格は維持できなくなります。これはバブル崩壊時も同じでした。

また、アパート・マンションなどの不動産はもともと高額なので、金融機関が融資すれ

ば購入できる人が増えるし、融資を絞れば購入できる人が減ってしまいます。これも需要と供給に関係なく値段が上がったりします。

しかし、空き家・古家のような戸建の場合は、地方であればなおさら低額なので融資に関係なく現金で購入できます。あまり金融機関の意向に左右されません。また、家屋価値は低くても、土地が都市部より広いため値下がりしにくくなります。これは希少価値としても大きいでしょう。

需要と供給、低額購入という面のどちらを考えても、地方の不動産価値が維持できない理由にはなっていません。むしろ、**地方では路線価（国税庁が決めた土地の価格）以下で買える物件が多くあります**。時にはリフォーム代を含めても路線価以下になるものもあります。つまり、資産価値がこれ以上落ちないことを意味します。**むしろ地方は投資対象としての不動産価値が高いと言える**のです。

3 融資を活用しにくい

実際に、あなたが住んでいる家や勤めている職場以外の地域で、数千万円の融資を受けるのは難しいと思います。しかし、数百万円でできる戸建の融資ならハードルは下がります。実際に、全古協の会員はさまざまな金融機関などを利用して融資を受けられている方がたくさんいます。

これも空き家・古家投資という少額の融資だからこそ、できるメリットになります。

4 物件の管理がしにくい

物件管理は地元の管理会社に任せると問題ありません。そもそも戸建は共用部（アパート・マンションにおける住居者が共有して使用する部分。エントランスや階段・エレベーター、宅配ボックスや電気・消防設備など）がないので、問題が起きにくいというのがメリットです。修理も少額なので修理判断自体を任せられる範囲も広く、そもそも住居者が修理してしまうケースもあり、逆に物件管理がしやすいというのも特徴です。

5 取引や現場調査などでの交通宿泊費など余計にお金がかかる

もちろん地方へ行くための交通宿泊費はかかります。しかし、投資目的であれば総額が大切です。地方投資の場合、そもそも購入費が安くなります。ということは、仲介手数料や不動産取得税・登記費用なども安くなります。

全古協では、最短で3回の訪問で完了することができるしくみをつくっています。余裕を見て4回現地に行くとしても、諸経費が安くなる分で十分にまかなえます。

このしくみはのちほど解説していきますが、いずれにしてもこうした経費は総額で計算すれば、それに適《かな》う金額であることはおわかりいただけると思います。

以上、多くの人が地方の空き家・古家投資に感じる主なイメージが誤解であることがおわかりいただけたと思います。

いかがでしょうか。こういった地方投資に対する誤解を解きほぐすだけでも、大きなチャンスを感じられませんか？

ついに夜は明けた。地方の空き家・古家投資の実績

私は3、4年前からずっと、「これからは地方の空き家・古家投資の時代です」と言ってきました。

空き家・古家投資は成功の一途をたどっていますが、一般的に都市部での流行が地方に波及するのには時間がかかります。しかし近年は、「ドッグイヤー（犬の成長の1年が人

間の7年分に相当するという意味から、情報産業における変化のスピードが速いこと）」というように、ネットの普及によりその時間は短くなっています。

しかし、古い商習慣の不動産の業界ではまだまだ長い時間のタイムラグがあります。よって、都市部で多くなっている空き家・古家投資は今後、地方に広がっていくのは間違いありません。むしろどんどん投資が加速しています。それは次のようなことに気づいたからです。

都市部周辺では、空き家・古家投資の認知度も高まり投資家も増えています（全古協もその一翼を担っています）。しかし、ほかの投資に比べればまだまだ高いとはいえ、利回りは5年前に比べれば2～3％落ちてきています。

都市部では外国人投資家も参入し、これからも利回りはさらに落ちていく可能性があります。ますます都市と地方との収益性の差が大きくなっていくだろうと気づいた投資家は、いっせいに地方を目指します。

地方では、戸建の持ち家率が高く、戸建を賃貸にする感覚がありません。住む人がいなくなっても貸し出すという考えの人が少ないからです。さらに都会に住んでいて地方の実家を相続するケースも増えています。そんなとき、どうしたらいいかわからない、どこに相談していいかもわからないという人が多いのも現実です。空き家問題の1つの原因ですが、私たちから見れば、空き家は「**宝の山**」になります。

次に、空き家・古家を賃貸用にリフォームする業者がほとんどありません。これは都市部でも同じなのですが、地方はより顕著です。

そもそも日本の建築・工務店は新築を建築するのが主流で、建築業界は新築依存です。そのうえ建築業界というピラミッド構造では下請け業がほとんどです。つまり、元請けから依頼された通りにはできるのですが、企画や活用方法などを考えることができません。だからといって建築大手・不動産大手は小さな戸建の工事など扱いたくないのが本音です。だとすれば、小さな工務店と組むことで大きなチャンスが生まれます。

さらにもう1つ、地方の魅力がこれから発揮される時代になります。在宅ワークやワーケーションに見られるように働き方が多様化する現代では、通勤や職場の場所に依存しません。全国どこでも仕事ができる時代です。そんな状況のなかで地方の魅力が再認識され、自然や町の人間関係を中心に生活環境を考える人が増えてくるでしょう。

このように、空き家の活用方法も広がりを見せていますので、ますます地方の魅力が発信されることでしょう。投資として考えても物件は無数にあり、競合物件が激しい都市より、競合物件が少ない地方のほうが収益性も高まっていくと考えられるのです。

コロナ禍をきっかけに地方で仕事をする人の需要が増えている

コロナ禍をきっかけにテレワークは拡大しています。２０２３年の国土交通省の調査によると、テレワーカーの割合は全国的に２０２２年からわずかに減少しているものの、ほぼ同水準を維持、地方では０・３ポイント上昇しているという結果が出ました（全国で26・１％。０・９ポイント減）。

地方の割合は17・５％ですが、Ｉターンで地方に移住しテレワークをする人が少なからず増えていることも理由の１つかもしれません。というのも、都市部の大手企業のテレワーク率は維持傾向にあり、会社に行かずに仕事ができる職種では、在宅で勤務できる態勢が新しい働き方として誕生してきているからです。

そういった人がＩターンで地方で仕事をすることが増えています。実際に、地方で空き家・古家を再生すると、戸建賃貸を探している人がいます。

やはり、せっかく田舎暮らしをするなら都市に住んでいた頃よりも安い家賃で戸建に住むほうが心にゆとりも生まれ、仕事の効率も上がるのではないでしょうか。

働き方の変化で、こういった人がこれからどんどん増えていくと思います。こうした理由からも、地方の空き家・古家投資は需要が生まれ、物件価値が上がっていくと思われます。

また、企業そのものが地方に移転することも考えられます。2020年9月に大手人材派遣会社のパソナが本社の一部を兵庫県の淡路島に移転すると発表しました。2024年までに1200人が淡路島に移住する予定です。

これは一例ですが、企業もさまざまな理由で地方を目指しています。

企業信用調査会社の帝国データバンクの「首都圏・本社移転動向調査」によると、2022年の1年間に首都圏から本社または本社機能を移転した企業は、335社にのぼりました（2023年3月発表）。

このように地方の活用に企業は積極的です。私の友人も淡路島で古民家を企業向け保養所に改築して儲けています。また、熊本県ではTSMC（台湾の大手半導体メーカー）が来たことにより土地の値段が10年で2倍になり、人口も所得も急激に増えているそうです。

地域での格差はありますが、まだまだこの流れは続くでしょう。

以上のように、個人の働き方の多様化や企業の移転に伴い、人が地方に移住します。コロナ禍を契機として全国的な地方移住への関心が高まり、過去最多の移住相談件数となっています。

総務省が発表した報道資料によると、２０２１年度に各都道府県及び市町村の移住相談窓口などにおいて受け付けた相談件数は、全体で約32万４０００件と、人の流れも都市から地方へと変化しているのです。

古民家カフェや移住住宅など地方再生に新しい空間が生まれている

大手企業は、地方への人の移動に対応すべくさまざまな事業を考えています。

たとえば、アメリカの民泊サービス会社のエアビーアンドビー（Airbnb）は、北海道の帯広市の西に位置する清水町と連携し、地方再生の一翼として無印良品を展開する良品計画とともに、宿泊施設を共同プロデュースしています。古民家や空き家を改修し、インテリアもコーディネートしています。

清水町は過疎化で閉店した商店や空き家が社会問題化し、宿泊施設も9軒しかない町です。年間の宿泊者も1300人程度。こうした状況からエアビーアンドビーは地域再生に乗り出しました。

もともと北海道らしい観光資源に恵まれたところで、そこにエアビーアンドビーが目を付けたのです。エアビーアンドビーが地方自治体や観光協会と連携するのは10例目で、北海道では初となる試みです。

オンラインサイト「トラベルボイス」によると、清水町の阿部一男町長は発表会見で、「ポストコロナに向けて、都市から地方への関心が高まる傾向にある。今回の提携によって、滞在時間の長期化、関係人口の創出、移住定住などを進めていき、地域経済活性化の好循環を作り出していく」と発言しています。

そして、エアビーアンドビージャパンの田邉泰之代表は、「清水町の魅力を発信し、『暮らすように旅をする』旅行者を送客するとともに、地元の空き家を利活用することで多様な宿泊の選択肢を提供していく。長期滞在を実現することで、新たな旅の導線をつくり、観光の恩恵を地域全体に広げていきたい」と話しています。

このように地方の空き家を宿泊施設として再生し、また無印良品がインテリアコーディネイトすることによって移住体験住宅もつくられています。

こうした流れは、空き家・古家投資の投資家も注目しています。地方活性化の一助として空き家を古民家カフェに改修し、こうした町に新しい空間を生み出しているのです。先ほど述べた私の友人は、パソナの本社移転で淡路島に古民家カフェを開き成功しています。

企業や行政が地方創生に乗り出す前に空き家・古家投資を始めれば、先行者利益を得ることができます。私が「これからは地方の空き家・古家投資の時代です」と伝えているのは、いまだからこそ、地方へ投資すればうまくいくからなのです。

地方で民泊が再ブームになる

国土交通省が２０２３年度に民泊参入の規制緩和を行う方針であることが報じられてい

民泊施設の利用日数

	2019年	2020年	2021年	2022年	2023年
合計 宿泊日数(日)	30万 1011	6万 4352	8万 4201	10万 4481	21万 6610
合計 宿泊日数(人)	33万 5163	2万 9555	9万 6853	13万 8889	24万 8629
合計 宿泊日数(人泊)	93万 3194	11万 7855	19万 6598	27万 8378	66万 2125
届け出住宅 あたりの 宿泊日数(日)	21.3	3.6	5.2	7.3	14.2

※宿泊期間は各年4月1日～5月31日(国内外の宿泊者含む)〈国土交通省観光庁資料より作成〉

ます。

民泊参入の規制緩和とは、住宅宿泊事業法の日数制限や住民同意などの条件を見直すことです。

現在は、住宅宿泊事業者は1年間に180日までしか営業できず、住民の過半数以上の同意が必要ですが、これらの制約を緩和することで民泊の供給量を増やすことが目的です。

旅館業法の許可基準を緩和する事項では、現在は旅館業法に基づく簡易宿泊所になるためには一定の面積や設備などの基準を満たさなければなりませんが、これらの基準を緩和することで、より多くの物件が簡易宿泊所になれるようにすることが目的です。

今後はさらに、訪日外国人の需要が見込めます。人々の生活がコロナ前に戻ってきた状況から、コロナ収束後に再び外国人観光客が増加しています。

ＪＴＢ総合研究所の「観光データ速報」では、２０２２年４月の訪日外国人数は13万９５００人で、前年同月の10倍を超える数値となっています。関西では２０２５年の大阪万博に向けて、とくに民泊需要が見込めるでしょう。


そして、何と言っても「**円安**」です。日本は外国から見ると、とても安価に映り、自然・食事・文化などさまざまなコンテンツも豊富です。

国もインバウンドの経済効果に期待しています。２０３１年までに６０００万人の訪日外国人を目標に掲げています。そして、訪れた人にできるかぎり長期の滞在をしてもらうことやリピートを増やすために地方への流入を勧めています。

ここでも地方都市のチャンスが増えます。海外旅行者はキャリーバッグや大きな荷物があるので駅近くの宿泊を優先します。都市部ではそういった場所の物件はなかなか購入することができません。

しかし、地方都市なら購入できる可能性が高くなります。また近年、海外旅行者もいままでと違って普通の観光地訪問ではなく、体験型や文化交流型に変わりつつあります。地方特有の日本の伝統や文化、食べ物などに興味を持っています。地方の戸建が選ばれる要素がますます増えてきているのです。

趣のある戸建で、古き良き日本の魅力を出せば、彼らのニーズに最適です。実際に、私が大阪で戸建民泊（簡易宿泊所）を営業していたときも、とても人気でした。普通に住宅として貸せば7万〜8万円のところ月平均20万円の収入がありました。桜の時期などは、季節的に月30万円を超えることもありました。

これは運営業者の手数料を省いての収入です。利回りも30％近くになりました。7年前のことですから、いまではもっと収益が上がるかもしれません。

ただしリスクもあります。訪日外国人への期待はギャンブル性が高いのです。インバウンド事業全般に言えることではありますが、訪日外国人の増加は確実ではなく流動性が高い事業展開となります。

新型コロナウイルスの感染者数が再度増加することも考えられます。サル痘《とう》をはじめとする新たな感染症が蔓延する可能性もあります。また別に政治的な問題で一気に減少することもあるため、短絡的に始めるのはお勧めしません。ですから、宿泊業は住宅よりもリスクが高いことを認識したうえでの投資として考えたほうがいいでしょう。

民泊のターゲットを日本人観光客にシフトすることも戦略の1つになりますが、コロナ禍で日本人向けの観光業が大きな打撃を受けた点からも、リスクが大きい投資対象と言えるかもしれません。法規制に左右される側面が大きく、展望が不透明なので、いい面も悪い面も両方あります。

ここでは詳しく解説しませんが、民泊の注意点だけ挙げておきましょう。もちろん空き家・古家の戸建での民泊です。

- 民泊新法をはじめ法的なことはあらかじめ勉強しておく（保健所・消防所対応や近隣問題なども含む）。
- 地方であっても旅行客の利便性がいい場所を選ぶ（駅近く、観光地付近など）。
- 民泊特区・簡易宿泊ができる場所を選ぶ（再建築不可でも許可が出ることがある）。
- 最適な運営業者を選ぶ（自分に合った業者を選ぶ）。
- 大きめの物件を選ぶ（近隣ホテルで大人数を入れる箱はあまりない）。
- 最適なリフォーム業者を選ぶ（和のテイストなど外国人の嗜好《しこう》に合った差別化のあるデザイン）。

外国人住居としての空き家・古家再生の可能性

法務省の調べによると、２０２３年６月現在、日本に居住する外国人は３２２万３８５８人（前年末比14万８６４５人、４・８％増加）と過去最高を更新しました。

外国人が最も多く住んでいる都市は、東京都で約62万７０００人、次いで愛知県が約29万７０００人、大阪府が約28万５０００人、神奈川県が約25万７０００人となっています。外国人の国籍別内訳は、中国が約78万８０００人と最も多く、次いでベトナムが約52万人、韓国が約41万２０００人です。人口推計では、２０７０年の外国人の人口は約９３９万人に達し、日本の推計人口全体の10・８％に相当することになります（国立社会保障・人口問題研究所調べ）。

これらのデータからわかるように、**今後の日本は外国人向け賃貸需要が増加するしかないのです**。つまり、いち早くターゲットとして対応することが成功につながります。

となれば、外国人に対する住まいの質を問われるようになります。相対的に日本の国力は落ちていき、人材を供給する国々との差は縮まってきます。ほかの国との人材獲得競争も激化します。日本は外国人から選ばれるように質量ともに努力する必要があります。1部屋に何人も外国人を詰め込む時代は終わるでしょう。しっかりと1人に1つの部屋をつくり、外国人に選んでもらえる国・地域・企業にならなければなりません。

全古協の会員の戸建賃貸でも、ベトナム人はもちろん、ネパール人やインド人の入居者がいます。**外国人と戸建は相性がいい**からです。まず共用部分がないのでトラブルが少なく、まとまった人数が住めるので雇用先や学校などは管理が容易になります。外国人入居者は、データとしてはありませんが、かなり多くなってきています。

また、外国人住居用として法人が借りる場合も多いので、滞納リスクなども少なくなります。法人の場合は駅近くというより、その企業の場所に近いほうがいいので、戸建を安く購入するチャンスも増えます。礼金や家賃も少し高く取れる可能性もあります。

まだまだ外国人入居を心配される大家さんがいますが、最近では外国人向けの家賃保証をする保証会社も増えました。管理会社も外国人専用や24時間のコールセンター（多言語通訳サポート）などがあります。これらを使えば、かなりのトラブル回避になります。

空き家が増加するいっぽうで増える外国人への戸建賃貸は、日本の社会課題を解決する強力なツールになると言っても過言ではありません。

「空き家＝外国人」のキーワードは今後ますます注目されると思います。

若い人たちの価値観で住居を変えることが地方の町づくり、地方の可能性を広げる

どんな業種でもイノベーションを起こすのは若い人たちです。ビル・ゲイツ、スティーブ・ジョブズ、マーク・ザッカーバーグ……彼らは20歳前後で起業しています。

不動産関係で言うと、エアビーアンドビーを起こしたブライアン・チェスキーとジョー・ゲビアも、起業時は20代半ばでした。ですから、空き家・古家投資も、若い人たちの感性が新しい価値観を生んでくれることを期待しています。

たとえば、駐車場付きの物件を購入した20代のAさんは、それだけでは平凡であると考えて、電気自動車の充電器を駐車場に設置する計画を立てています。たしかに、なかなかほかにないので差別化になります。最近では充電器も種類が増えて安くなってきていますし、国の補助金は法人に対してのみですが、自治体によっては個人にも補助金があるとこ

ろもあります。

こうした物件は、土地の広い地方では、入居者以外の電気自動車保有者にも充電場所として提供できる可能性が広がります。また、私の地元の大阪で空き家を「カフェ×就労継続支援B型×生活介護」という業態でビジネス化をしているケースもあります。

「就労継続支援B型」とは、年齢や体力などの面で雇用契約を結んで働くことが困難な方が、軽作業などの就労訓練を行うことができる福祉サービスです。作業の対価である工賃をもらいながら自分のペースで働くことができます。また、「生活介護」とは、主に日中に、障害のある人へ食事・入浴・排泄《はいせつ》などの介助サービスを提供する場です。調理・洗濯・掃除などの家事の支援や日常生活に関する相談対応と助言、創作活動、生産活動を行えるサービスです。この物件では、創作活動、生産活動をメインに行っています。この2つと「カフェ」を組み合わせることで、社会貢献とビジネスの両立を図っています。

そのほか、若者から次のような空き家活用のアイデアがいろいろ出ています。

●インタラクティブな子ども向け探検館

子どもたちが空き家を科学、芸術、歴史などを学べるインタラクティブな探検スペースに変える。各部屋が異なるテーマで構成され、子どもたちが遊びながら学ぶことができる場として活用する。

● **インタラクティブ・アートインスタレーション**

空き家を1つの巨大なアート作品に変える。来訪者がアートに触れたり、歩き回ったりすることで、光や音が変化するようなインタラクティブな展示を行う。

● **テーマ型エスケープルーム**

空き家を複数のエスケープルームに改造し、それぞれに異なるテーマやストーリーを設定する。来訪者は謎解きやパズル解きをしながら部屋からの脱出を目指す。

● **バーチャルリアリティ体験センター**

空き家を最新のＶＲ設備で満たし、ユーザーがバーチャル世界を体験できるスペースに変える。教育、エンターテインメント、冒険など、さまざまなＶＲ体験を提供する。

● **未来型農園ハウス**

屋内農園として空き家を利用し、水耕栽培や垂直農法などの最新農業技術を展示する。

地域住民に持続可能な食品生産の重要性を教え、農作物を栽培する体験も提供する。

ここで挙げたような発想からイノベーションが起こるのだろうと思います。

地方の空き家・古家投資をする人とはどんな人たちなのか

地方で不動産投資を始める人で一番多いのは、その地域に何らかのかかわりがある人です。当然といえば当然ですが、田舎がある人、転勤先で住んだことがある人、大学時代に暮らした人、夫や妻の実家がある人、親戚や友人・知人がいる人など、何かしらその地域に縁のある人です。

次に多いのがその街の認知度が高いケースです。有名な観光地で何度も訪れている、ドラマで見たことがあり親しみを感じている、一度は行ってみたいと情報を集めているなどが挙げられます。なおかつ、交通の便がいいところで訪れるのに負担を感じないという理由も挙げられます。

とくに縁がない地域でも気に入って物件を購入するのは、収入が高めで余裕がある人が多いようです。たとえば、ご夫婦で旅行がてら行ってみて気に入ったから購入したという人も少なくありません。

また、地方物件を購入する人は、概してよく勉強されている印象があります。全古協の会員には、物件を見て利回りがすぐに算出できて、リフォームのコスト試算から買い付け、工事の発注、入居付け、管理の仕方までできる「**古家再生投資プランナー**」という資格を持つ方がいて、すでに物件を数棟持っている、いわゆる経験者がいます。そうした人たちは、地方の空き家・古家投資に魅力や可能性を感じているようです。

以上のように、地方投資に関してわかったのは、全古協で調査の意味でアンケートを取ったからです。

実際に会員として空き家・古家投資を始めたい、または始めている人たちの声ですから、今後ますます地方の物件が賃貸物件に再生されていくことと思います。

参考までに、アンケートの結果を掲載しておきます（76、77ページ表参照）。ちなみに全古協では地方物件の見学ツアーを開催しており、ツアーの参加理由、また効率的に多くの物件を見るため宿泊が可能かどうかなどもお聞きしています。

Q3. あなたは地方での空き家・古家投資についてどのようなイメージを持っていますか。 当てはまるものをすべてお選びください。 ※地方エリア＝石川県、富山県、福島県、滋賀県、岡山県、熊本県

	全体	一般会員	古家再生投資プランナー	地方ツアー参加者
母数	328	181	147	62
利回りが高い	51.2%	47.5%	55.8%	58.1%
投資額が低額ですむ	68.9%	69.6%	68.0%	67.7%
物件価格が安いので売買手数料も安く抑えることができる	38.7%	43.6%	32.7%	27.4%
融資を活用しやすい	2.1%	3.3%	0.7%	1.6%
リフォームによって差別化を図りやすい物件が多い	23.2%	23.8%	22.4%	27.4%
不動産価値を維持できる	3.7%	6.1%	0.7%	1.6%
入居が決まりやすい	3.0%	2.8%	3.4%	6.5%
物件管理がしやすい	3.0%	5.5%	0.0%	0.0%
現地の訪問に許容できない水準の費用がかかる	23.8%	23.2%	24.5%	21.0%
現地の訪問に許容できない水準の時間がかかる	25.6%	25.4%	25.9%	19.4%
縁がない･縁をつくりにくいエリアなので物件の良し悪しを判断しにくい	30.5%	27.1%	34.7%	27.4%
その他	4.3%	3.3%	5.4%	9.7%

Q4. 地方の空き家・古家物件見学ツアーの参加理由として当てはまるものをすべてお選びください。

	全体	一般会員	古家再生投資プランナー	地方ツアー参加者
母数	62	11	51	62
投資候補エリアのツアーだったから	53.2%	54.5%	52.9%	53.2%
投資候補エリアではなかったが縁のあるエリアだったから	9.7%	9.1%	9.8%	9.7%
投資候補エリアではなく縁もなかったが聞いたことがあるエリアだったから	4.8%	0.0%	5.9%	4.8%
投資候補エリアではなく縁もなかったが主催している古家再生士に興味があったから	24.2%	27.3%	23.5%	24.2%
投資エリアではなく縁もなかったが競合する投資家が少ないと思えたから	11.3%	9.1%	11.8%	11.3%
投資エリアではなく縁もなかったが掘り出し物の案件が見つかることを期待したから	22.6%	9.1%	25.5%	22.6%
その他	17.7%	9.1%	19.6%	17.7%

全古協会員への地方の空き家・古家投資に関するアンケート

Q1. あなたの現在の職業をお選びください。

	全体	一般会員	古家再生投資プランナー	地方ツアー参加者
母数	328	181	147	62
会社役員・経営者	20.7%	17.7%	24.5%	38.7%
会社員・公務員(外回りの営業職)	11.3%	11.0%	11.6%	9.7%
会社員・公務員(内勤・事務・労務職・専門職)	34.1%	30.9%	38.1%	29.0%
会社員・公務員(販売・店舗スタッフ)	1.2%	0.6%	2.0%	0.0%
会社員・公務員(工場・現場勤務)	2.7%	2.2%	3.4%	3.2%
派遣・契約社員(外回りの営業職)	0.0%	0.0%	0.0%	0.0%
派遣・契約社員(内勤・事務・労務職・専門職)	4.0%	4.4%	3.4%	0.0%
派遣・契約社員(販売・店舗スタッフ)	0.0%	0.0%	0.0%	0.0%
派遣・契約社員(工場・現場勤務)	0.6%	0.6%	0.7%	0.0%
自営業・自由業	16.5%	20.4%	11.6%	12.9%
パート・アルバイト	2.1%	2.8%	1.4%	0.0%
産休・育休中	0.9%	1.1%	0.7%	0.0%
介護休暇中	0.3%	0.6%	0.0%	0.0%
専業主婦	1.5%	2.2%	0.7%	0.0%
学生	0.0%	0.0%	0.0%	0.0%
働いていない	2.1%	2.2%	2.0%	1.6%
その他	1.8%	3.3%	0.0%	4.8%

Q2. 「移動時間に関係なく投資を検討してもよいと思える条件」があれば当てはまるものをすべてお選びください。

	全体	一般会員	古家再生投資プランナー	地方ツアー参加者
母数	328	181	147	62
実家があるエリア	53.7%	55.2%	51.7%	53.2%
仕事での赴任先・元赴任先のエリア	33.8%	36.5%	30.6%	27.4%
学生時代(大学等)を過ごしたことがあるエリア	26.8%	27.1%	26.5%	32.3%
イベント等で何度も訪れたことがあるエリア	17.4%	14.9%	20.4%	19.4%
旅行で何度も訪れたことがあるエリア	32.0%	32.6%	31.3%	32.3%
ふるさと納税をしたことがあるエリア	2.1%	2.2%	2.0%	1.6%
当てはまるものはない	20.4%	19.9%	21.1%	14.5%
その他	11.0%	7.2%	15.6%	16.1%

空き家・古家再生2000戸以上の実績から わかった地方への成功投資

私が運営している全古協の会員のなかでも地方投資する人が確実に増えてきました。都市部での投資では、いい物件にめぐり会うチャンスが限られてきているのも事実です。会員の方たちは経験という強みがあるので、地方への投資にメリットを感じれば始めるのに躊躇しないということもあります。

ただ、これから空き家・古家投資を始めたいという人も、私たちのノウハウがあれば地方から始めても大丈夫です。地方での投資をお勧めする理由として、次の8つが挙げられます。

理由❶ 都市部ではいい物件がなかなか購入できなくなった

アベノミクス以来、投資全般に参加する人が増えました。株やFXなど非現物資産はいくらでも取引ができますが、不動産のような現物資産は物件自体が必要になります。

空き家・古家投資も認知度が上がるにつれて参加者が増えてきています。国としては空き家を活用することはいいと思いますが、投資家にとっては購入できるいい物件が少なくなるということになります。

とくに都市部では一棟マンションやタワーマンションなどが高値になっています。同時にカボチャの馬車・スルガ銀行問題から不動産投資への融資が厳しくなっています。それゆえに、アパマンを購入していた人の一部が戸建投資を始めています。

本やネットで情報が増えて、成功事例もたくさん出てきて投資への不安が薄れてきたこともあるでしょう（全古協の影響もかなりあるとは思います）。このような状況のもと、とくに三大都市圏では、デフレや不景気にならないかぎり物件が購入しにくくなってきています。

理由❷　地方のほうが利回りは高い

地方は物件購入する人が少ない、いわゆる競合が少ないので物件を安く購入することができます。しかも、入居者募集に対しても競合が少ないので意外なほど家賃が上ぶれします。安く購入して高く回収できるのだから利回りが高いのは当然です。

たとえば、全古協での2022年のデータでは、関西都市圏の平均確定家賃は6万1308円ですが、北陸地方の平均確定家賃は7万0010円、東北地方は

6万5110円です。地方都市だからといって家賃が低くなるとはかぎりません。

確定利回りでは、関東首都圏が13・0％、北陸地方は13・9％になります。細かな地域で言うと、兵庫県加古川市周辺では平均家賃が6万4000円で確定利回りは16・2％、岐阜県大垣市周辺では平均家賃が6万9600円で確定利回りは15・6％になります。

まだまだ件数としては少ないものの、データの上では地方のほうが家賃も利回りも高くなっています。

どうしてこんなことが起こるのか。これは私の見解になりますが、地方では持ち家文化がまだまだ残っていて、戸建の家は購入するもの、所帯を持って家を持つことが目標という感覚があります。しかし、世の中は、デフレ下での所得低下や所得格差、人々の仕事の仕方や将来に対する考え方などが多様性として大きく変わっています。賃貸派の人も増えてきているのです。

戸建志向の強い地方では、賃貸派の人にとって戸建賃貸も選択肢に入り、その希少性も相まって家賃が上がるのです。いや、上がるというより下がらないと言ったほうがいいかもしれません。

都会では建物にかかわらず選択肢が多いためどうしても競争にさらされます。しかし、競合が少ない地方では楽に賃貸経営ができるということです。

理由③ 地方ではそのエリアの好立地物件が買える

まず好立地物件は大手企業、お金持ちのマーケットだと思ってください。実際に都市部での空き家・古家の好立地物件投資の実績はごくわずかです。

では、周辺都市ではどうでしょうか。関東地方で言うと千葉県、埼玉県、神奈川県になります。ここでも主要駅周辺は同じ状態です。少し離れた郊外が投資エリアになります。しかし、地方都市では違います。驚くような好立地で物件を購入することができます。たとえば、新幹線駅の徒歩圏や繁華街の近く、市役所の近くなどの物件が買える可能性があります。

理由④ 土地が広い、建物が大きい

都市部での平均坪数は10～20坪ですが、地方都市に行くと20～50坪になります。大は小を兼ねると言いますが、広い土地は駐車場や庭、ドッグランなどさまざまな使い方ができます。また、将来新築を建てることも容易です。

土地は幅広い活用方法があるので、将来に向けても楽しみが増えます。駐車場のスペースが多く取れると法人借りも増えます。外国人シェアハウスや民泊施設もできるでしょう。とにかく、地方の物件には都市にはない多様性があるということです。

理由⑤ 都市近郊と比べ路線価が変わらないエリアも

都市中心部と比較することはできませんが、都市郊外と比較すれば意外と路線価が変わらないエリアもあります。

リフォーム代も含め総額で路線価以下になる物件を購入することができるのも地方の特徴です。路線価がしっかりしていると融資のハードルが下がります。都心部で多い再建築不可物件（更地にして新たな建物を建てられない土地）や建ぺい率・容積率オーバー物件（建築物が建てられる面積の割合を表す「建ぺい率」と建物の総床面積の敷地面積に対する割合を表す「容積率」が、地域ごとに定められた基準を超えた建物）なら、土地の広い地方の物件のほうが融資は出る場合もあります。

たしかに何もかかわりのない地域の物件で融資を得ることはやさしくはないのですが、賃貸業、借り入れの実績がない人でも貸し出してくれる銀行はあります。全古協の会員の方も努力と工夫で融資を受けています。

たとえば、取引銀行の支店がないエリアでも、「祖父の地元で、お墓があって親戚がいます。墓参りの際には必ず物件も確認します」と事業計画と一緒にその地域に物件を買う根拠を示すと、銀行担当者は上司に報告しやすいようです。あるいは、「関係が深い工務店・管理会社がそのエリアにあって管理や修繕などお任せできる態勢が整っているので、このエリアで購入することにしました」など、融資担当者に理由を聞かれたときに説明できるものを用意したりしています。

理由⑥ 地方は建物に個性があり、楽しめる

戸建の面白いところは、1つとして同じものがないということです。同じ形の戸建物件でも場所や使い方によって違ったものになります。しかし、都市部の場合、高度経済成長のときに建てられたものが多いので画一的な建物が多いのです。

都市部では事例も多く、ある程度の利回りの標準化があります。それに引き換え地方では土地が広く、建売りが少ないこともあり個性的な物件が多くあります。時には屋敷のようなものもあったりします。

これからは社会全体のなかでさまざまな背景、価値観、経験、能力などの違いが認められ、尊重されていく多様化の流れは止められません。私は住まいこそ、もっと多様化してもいいと思います。それには、地方の空き家・古家が最適だと思っています。

また、私は大家業にかかわらず、ビジネスで一番大切なことは「楽しい」ということだ

と思っています。アドバイスするときも「空き家・古家投資、大家業を楽しんでください」と言っています。その楽しさをより多く感じられるのが、地方の空き家・古家投資だと感じています。

理由❼ セカンドハウスとして、その地域に行く理由をつくれる

地方で空き家・古家を購入される人で、いずれ「自分が住んでもいい」「別荘として使ってもいい」と言う人がいます。

働き方改革などでどこでも仕事ができる環境が増えています。ワーケーションとして使うのもいいかもしれません。その場所に行く理由ができるという人もたくさんいます。

「物件がなかったら一生行くことはない地域だと思います。しかし物件があることで、その地域での観光、地元ならではの食事、そこに住む人たちとの触れ合いなどを楽しんでいます」

「パソコン1台で副業をしています。いずれ地方で仕事ができたらと思っています。その際に、知り合いを増やして人間関係をつくるために、空き家・古家投資をしています」

「以前から好きな場所でした。物件を購入することで行く頻度が多くなり、その地域の風土や人々とのかかわりができて、より一層大好きな地域になりました」

このように、購入物件を通じて地域に魅力や楽しみが増えることは間違いないと思います。

理由⑧ 災害などに対するリスクヘッジになる

災害に対するリスクヘッジとしての地方投資も考えられます。私の周りでも関東・北陸・関西とバランスを考えて購入している人がいます。

全古協の会員のある方は、リスクヘッジの大切さをこう語ってくれました。

「もちろん保険でのリスクヘッジはしていますが、エリアを分散してポートフォリオを組むことも大切です。２０１８年8月28日に近畿圏を襲った台風25号のときのことです。その前の6月18日の地震の影響も含め被害が大きかったのです。そのときは、とくに屋根の被害が大きかったので瓦の材料がなくなり、応急処置をするにもブルーシートもなくなる状態になりました。そんなときに別の地域の物件を持っていると、被害のなかった工務店や関係会社に材料やブルーシートなどをお願いすることができます。そのおかげですぐに応急処置ができて、入居者様に最小限の被害ですませることができました。その後、順番に修繕を行い、最終的に約1年かかった物件もあります。災害対応するにも信頼できるチームがあると安心です（全古協では組織力を使って災害時の全国各地の協力関係ができています）。日頃からのお付き合いが大切ですね。ですから、不動産投資では建物・種別に関係なくエリアを分けることは、大きなリスクヘッジになっています」

ちなみに、全古協では、台風25号のときは１００戸以上の建物に屋根の被害がありましたが、保険によりほとんどのオーナーは修繕できました。

地方に物件を持てば災害におけるリスクヘッジにもなるという話は、私自身も大いに参考になりました。

都市の空き家・古家投資は、一般化されて利回りは落ちていく

前にも述べた通り、日本の建築業界の住宅流通は新築依存です。しかし、それも限界に近づいてきたように感じます。

国土交通省のデータによると、新設住宅着工戸数は、２０２１年度は87万戸、２０２２年度は90万戸前後ですが、２０２５年度には62万戸、２０４０年度には49万戸に減っていくと予想されています。

今後は中古住宅が普通になり新築がドンドン減ることになります。中古住宅が一般的になると、新築住宅の40％を占める戸建に対する意識にも変化が出てきます。スクラップ＆ビルドではなく長く使う思考に変化します。住むにも購入するのにも中古住宅が一般的になります。結果的に借りるのも貸し出すのも一般的な状況になるのです。

そうなると投資的には利回りは落ちてきます（だからいまのうちに購入しておくのがいいのです）。「これまではほとんどの人が知らなかったから儲けることができた」から、あの人もこの人も知っている状態になると参加者も増えることになります。つまり、競合が増えるということです。

しかし、ここが不動産の面白いところです。これも前述したように、大手不動産でも寡占化が進まない業界です。エリアや活用方法など、やりようによってはまだまだ収益を高めることができます。

その1つが**地方と都市のギャップ**です。中古住宅や空き家・古家投資が一般的になろうとも、必ず地方と都市とのギャップは残ります。そこを利用して、都市での活用方法を地方で行うことで収益を出して、その収益で都市部の物件を購入していくのです。

都市物件は収益が少ないけれども、そのなかでも資産価値がある物件を追加していく。こうすることで資産形成のバランス化（ポートフォリオ）の役割を持たせることもできます。それには地方をもっとよく知る必要があります。将来を考えて、いまから地方をよく見て、聞いて、勉強して、そして経験して、ノウハウを積み上げることこそ、大切な資産形成に必要になっていくのです。

高齢者の持ち家が、今後空き家になっていく

まず、総務省が調査した「持家・借家別、世帯主の年齢階級別の割合」のグラフを見てください（次ページ上図）。このグラフを見ると、60代以上の高齢者の持ち家比率が高く、とくに75歳以上が突出しています。一人暮らしや夫婦で生活しているのがほとんどで、これが今後、空き家になっていくケースが増えていきます。

とくに田舎で一人暮らしの高齢者が亡くなることで相続物件、つまり空き家問題になることが多いですが、75歳以上の賃貸の一人暮らしの割合も増えていくことが見込まれます。若者が賃貸に住むのはわかりますが、働き方、ライフスタイルが変わり、収入も劇的に増えない世の中で、家族を持ったら持ち家（新築）を購入するという生き方は減ってくるで

年齢階級別の割合と延べ床面積別住宅数

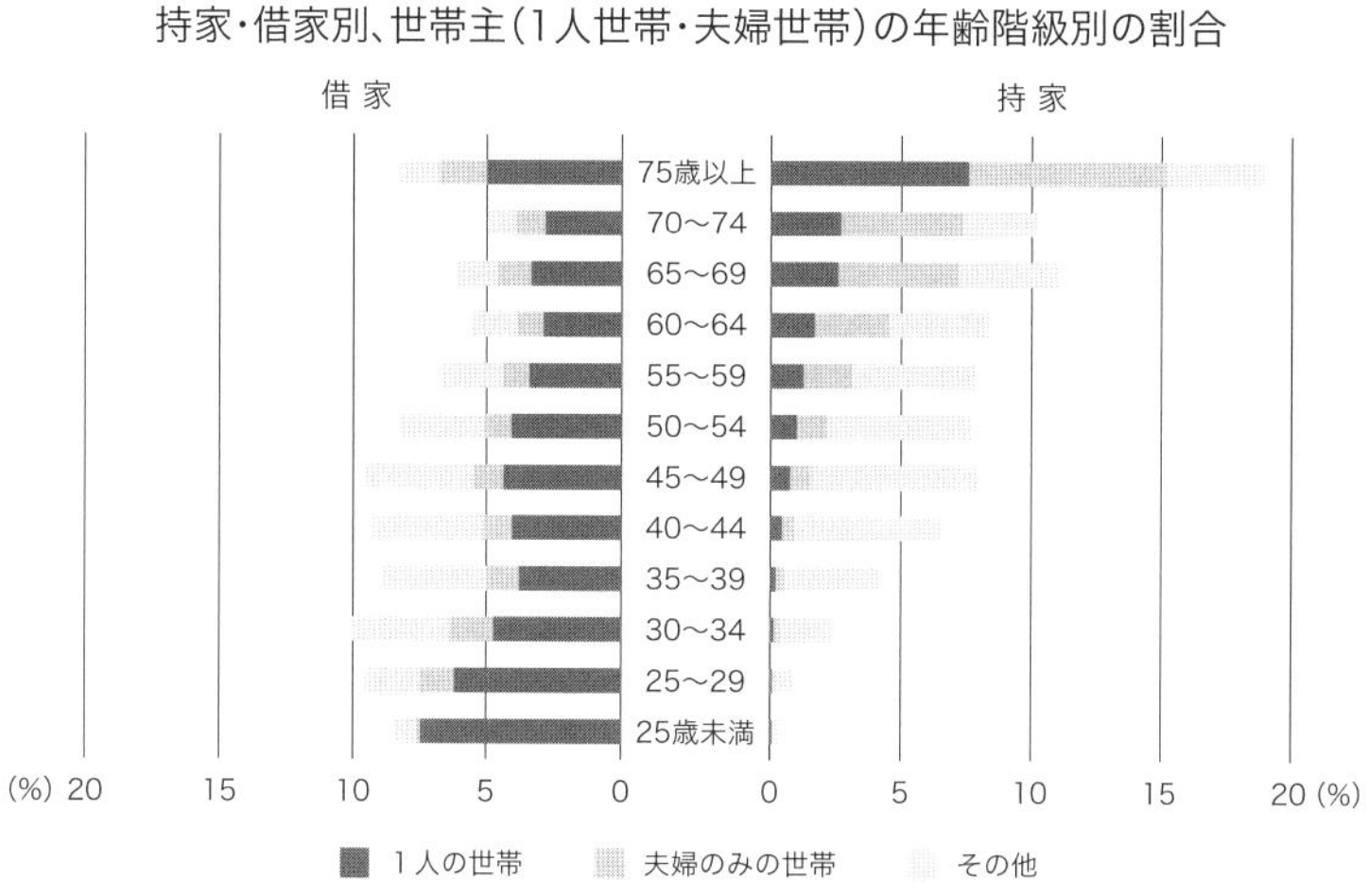

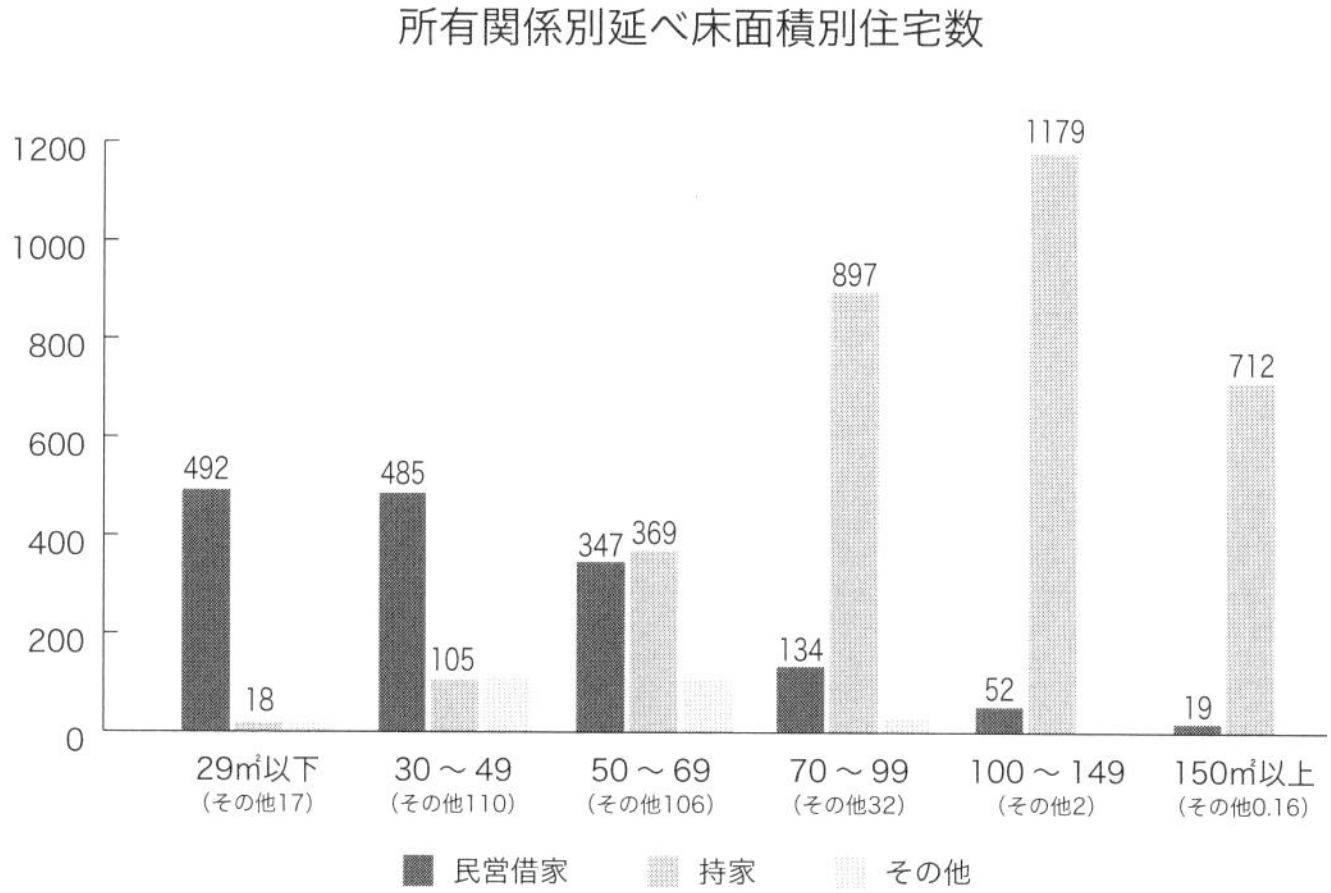

(総務省統計局資料より作成)

しょう。そうした流れは都市部から始まり地方へと波及していきます。一歩でも早く地方を開拓することが、長期的には先行利益を得られることになるのです。

次に「所有関係別延べ床面積別住宅数」というグラフ（89ページ下図）を見てもおわかりの通り、戸建は１００㎡～１４９㎡がボリュームゾーンです。このデータからは見えてきませんが、とくに１５０㎡以上の戸建は地方に集中しています。

広い土地、広い家に住むなら地方しかありません。これから高まる地方の空き家・古家需要ですが、投資という観点からは当然メリット・デメリットも存在します。そこで、都市のメリット・デメリット、地方のメリット・デメリットを考えてみたいと思います。

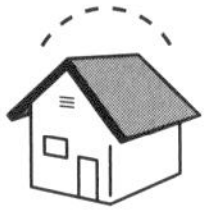

投資における都市のメリット・デメリット、地方のメリット・デメリット

【都市物件のメリット・デメリット】

都市部のメリットは何と言っても人口が多いということです。とくに三大都市圏の周辺ではそれが顕著です。人口が多いということは不動産の流動性があります。人の移動も物

件の所有者移転も多いのです。流動性があるということは資産価値があるということなので売買もしやすく、土地の値段が上がれば賃料にも反映されます。

一方、デメリットとして都市部では投資家が多くなります。そのため物件の流動性が高い一方で、投資に慣れている人も多いということです。つまり、どうしても競合が多くなります。競合が多いということは物件購入価格も上がり、利回りが低くなり、良い物件の取得も厳しくなります。

物件の大きさも小さくなり、通路も狭くなります。しかし、その代わりに家賃も高くなるので1戸当たりの家賃を上げるには効率的です。資金力があり、利回りを追わず、購入個数も少なくていいなら都市部のほうがメリットを感じるかもしれませんが、投資資金を考えてメリット・デメリットを検討してください。

参考までに、首都圏で空き家・古家再生をした例を挙げておきます。

■首都圏再生事例① 東京都八王子市散田町《さんだまち》2丁目

DATA

築年数：52年　販売時：980万円／取得時：600万円

工事費：420万円　家賃：13万円／利回り：15・3％

売主は不動産業者の知人の専属専任案件で、全古協の会員に募集を募った物件です。売主がなかなか売値を下げないため、売買がうまくいかず困っており、物件見学ツアーで数回紹介するものの手が挙がらない日々が続きました。

売主ともいい関係になり、最終的に全古協の会員であればということで600万円での購入にいたりました。

物件は階段を上った高台にあり眺望がいいのですが、一部の樹木が邪魔で景観を遮《さえぎ》っていました。そこできれいに樹木を伐採、紅葉《もみじ》の木は残しました。また、居心地良く楽しんでもらう賃貸物件を目指し、庭には手づくりの柵を設置し高級感も加えました。

想定賃料は10万円でしたが、募集会社の査定では13万円とのことで入居者を募集中の段階です。駐車場付き、ペット可も賃料上乗せを期待できる物件となりました。

一応、賃料10万円ですと表面利回り11・8％と想定シミュレーション内に収まりますので、賃料が下がったとしても範囲内です。しかし、首都圏でのこうした物件はなかなか出ません。今回は業者の知人ということで、私たちのようなコミュニティーに相談された物件です。なかなかお目にかかれない物件であるということはご理解ください。

首都圏再生事例①　東京都八王子市散田町２丁目

BEFORE

AFTER

写真提供：永田古家再生士（八王子エリア）

■首都圏再生事例② 神奈川県横浜市港南区芹《せり》が谷《や》

DATA
築年数：54年　販売時：1000万円／取得時：550万円
工事費：480万円　家賃：9万4000円／利回り：10・9％

閑静な住宅街で最寄り駅から遠く、バスを使わなければならない場所にある物件です。徒歩10分以内には学校、スーパー、コンビニ、ドラッグストア、ファミレス、銀行など住環境は充実しています。しかし再建築不可の物件でした。また、隣の建物の一部がこちらの土地に越境していました。そこでお隣の話をうかがうと、その方がかなり高齢のため、近い将来売却の可能性があるということでした。売却の際は声をかけていただけるように親族（子）には挨拶を済ませました。

外観はきれいでしたが、内装はやや傷んでいて、増改築されたためか使い勝手が悪く、間取りの変更や内装のバリューアップをしました。予算内で満足のいく仕上がりになりました。

仕上がりのあとは客付けですが、バス使用、敷地内は駐車場なしのため、普通なら家賃も弱気なエリアです。しかし、内装をバリューアップしてペット可で募集したため、

首都圏再生事例②　神奈川県横浜市港南区芹が谷

BEFORE

AFTER

写真提供：薬袋古家再生士（横浜エリア）

家賃10万円近くで、すぐに決まりました。

オーナー（投資家）が物件購入を即決した理由は、外装がきれいで外部にリフォーム費用がかからず、内装に費用をかけられることと、近い将来、隣の家が売りに出たときに購入できれば資産性価値が上がりそうなことでした。

【地方物件のメリット・デメリット】

地方を開拓する際には大きなハードルがいくつもあります。何よりもまず投資の情報が少ないことです。大手不動産サイトを見ても戸建賃貸情報自体が少ないのに、ましてや地方での戸建情報はさらに少なくなります。つまり、不動産売買のサイトだけでは、いい物件に出会うチャンスはほとんどないということです。

また、地方の各エリアで大家業をしている仲間も少ないため、コミュニティーが存在していないというのが現実です（むしろ、自分でコミュニティーづくりをすることをお勧めします）。

さらに、専門の再生業者がいないことが大きなデメリットとしてあります。まだ地方では、それほど空き家・古家再生に詳しい業者がなく、多くは業者との関係づくりが優先されます。

地方の空き家・古家投資は、これらのデメリットを受け入れながらの投資になります。しかし一方、地方のメリットはいい物件がたくさん眠っているところです。敷地も建物も広い。その割に物件が安い。つまり、そうした広さを生かした再生ができるということです。地方では駐車場の需要が高いので、余りの敷地があれば駐車場をつくると競争力のある物件に変わります。

宮城県で駐車場がつくれるほどの広い庭のある物件で成功したTさんの事例です。

■地方再生事例① 宮城県柴田郡柴田町船岡西

DATA

築年数：47年　販売時：540万円／取得時：170万円

工事費：350万円　家賃：6万8000円／利回り：15・7％

宮城県柴田町の船岡にある物件ですが、船岡というところは、大学や自衛隊の基地が近くにあり、戸建賃貸の需要がある場所です。相続物件だったのですが、売値が高くてなかなか決まりませんでした。不動産屋と何回も話し合って粘り強く金額交渉をした結果、170万円で買うことができました。

建物は５ＬＤＫ、物置も付いていて大家族向けだと思いデザイン性を重視してリフォーム工事を始めました。襖《ふすま》で仕切ってあった大きな１部屋を２部屋にして合計６部屋へ修繕。もともと公共下水につながっていた水洗トイレでしたので、ここの修繕にあまりお金がかからなかったのが大きく利回りを取れた要因です。

そして、何と言っても魅力的だったのは車３台が停められる庭でした。建物の前が庭で、整備をすればもっと駐車場を広げられる状況でしたが、大きな木の根っこがたくさんあり、これを撤去するには費用がかかるため、そのままの状態で貸し出しました。

すると１カ月後、地元の土木会社から申し込みが入りました。社宅にしたいそうで、その際に庭を整備していいかということでした。私は躊躇なく合意、しばらく経って見に行ったら、木の根を抜いて整地し、砂利を敷いてきれいになっていて、さすが本職と感心しました。

結果、車が６台駐車できるようになり、１人１台車が置けるようになったそうです。

このように、地方の物件は駐車場のスペースを広げることもやりやすく、その分、賃料アップにもつながります。入居した土木会社が庭をつぶして駐車場に変えてくれたので、Ｔさんはお金を出さずに広い駐車場を確保できたことになったのです。

地方再生事例① 宮城県柴田郡柴田町船岡西

BEFORE

AFTER

写真提供：高橋古家再生士（仙台エリア）

この物件は社員寮として利用されました。Tさんと同じように、車が5台停められる物件を私も同じ宮城県で購入してみたところ、狙《ねら》い通り社員寮として使いたいという申し込みが入りました。法人ということで家賃アップの交渉をしたところすんなり合意に至り、かなりの利回りアップとなっています。

ここでもう1つ、駐車場がない物件を安く購入し、近隣の駐車場を借りることで家賃がアップした例も挙げておきましょう。

■地方再生事例② 岐阜県岐阜市松下町

DATA

築年数：56年　販売時：未公開／取得時：225万円
工事費：357万円（うち追加工事47万円）
家賃：6万8000円／利回り：14・0％

駐車場なしの案件でした。駐車場は月極9000円前後が相場で、工事中に近くのお寺で見つけた月極5000円（軽自動車限定3000円）の駐車場を契約しました。

地方再生事例②　岐阜県岐阜市松下町

BEFORE

AFTER

写真提供：中村古家再生士（岐阜エリア）

オーナーも攻めの姿勢で物件の追加工事を行い、物件＋駐車場付きにして家賃アップにつながりました。駐車場なしでもこういったやり方があるのだと勉強になりました。

そこで、オーナーの話を聞いてみました。

「私は横浜在住なので関東の物件ツアーにいくつか参加したのですが、物件価格だけで５００万円、リフォーム費用を含めると１０００万円くらいしました。しかし、岐阜の物件価格は２２５万円、リフォーム費用３００万円を加えても、とても安価に感じました。

入居が決まるかどうかが最大の心配でしたが、物件は岐阜駅に近く、金華山《きんかざん》の麓《ふもと》、城下町内、岐阜公園へ徒歩2分という好立地が決め手です。

リニア中央新幹線の開通に伴い、名古屋経済圏が活発化すると予想されていますが、そうなると名古屋通勤圏（電車で約20分）の岐阜も活性化すると予想したからです」

コミュニティーがない、情報がない、だからこそチャンス

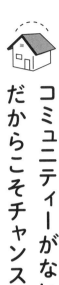

まったく知らない場所に投資をするには勇気がいります。しかし、逆に考えてみてください。あなたがそう考えているということは、ほとんどの人も同じように考えています。

つまり、**競合が少ない分だけ投資での収益性が上がるということ**です。結局、独占企業が一番儲かるのです。人と逆のことをするのが儲けの秘訣《ひけつ》でもあります。

だから、あえてコミュニティーがない、情報がないところだからこそ、チャンスも大きいのです。だからといって、何も考えないで適当に現地に行けばいいということではありません。情報の取り方、コミュニティーのつくり方が大事になってきます。

1 空き家・古家投資の実績のあるコミュニティーを探す

どんな場所でも賃貸物件がないところはありません。賃貸物件があるということは必ず投資家、地主はいます。そういった人たちがまとまっている場所があります。それは各地の大家会であったり、不動産投資家の集まりであったりします。まずはそういった同じ目的の団体を見つけることです。

多少、会費や費用がかかるかもしれませんが、情報料と思って支払うべきです。その団体で地域の特徴や会員の様子を情報として仕入れましょう。一棟ＲＣマンション専門の人だったり、競売を主にしている人だったり、収益よりも楽しくＤＩＹをしている人が集まっていたりなど、それぞれの団体に特徴があります。

とにかく自分に合った団体を探し当てることです。大事なことは実績です。私と同じように空き家・古家再生の専門家でも、5軒ほどの実績でそう名乗っている人もいます。専門家というのであれば、少なくても数十件の事例はほしいところです。そんな人がいればチャンスです。

2 不動産業者から情報を得る

やはり不動産の情報をたくさん持っているのは不動産業者です。彼らからの情報をいかに引き出すかが大事です。

しかし、彼らもビジネスなので、突然に訪ねて行って安い物件を紹介してほしいといっても、面と向かって断りませんがうまく煙に巻かれます。空き家・古家は不動産業者にとってはあまりおいしい仕事ではありませんし、手間もリスクも高い仕事になります。それをいきなり他方から来た人間に情報を出すはずはありません。

まずは信頼されることが大切です。そのために仲間をつくり、できればコミュニティーをつくってしっかりと団体の理念（考え方）や方針（行動・実績）を説明します。可能であればその仲間に地元の人が入っているとベストです。

あとは、**どんな場合でも同じですが、接触頻度を上げると相手の信頼度が高まります。**複数人でコミュニティーをつくると1人の負担が少なくなるのもメリットです。

もう1つは工務店とチームを組むことです。もし情報をもらって見に行ったとしても工事額がわからなければ収益計算ができません。すぐに買い付けを入れることができないのです。そこで信頼できる工務店と一緒に行けば不動産業者の手間は減るし、すぐに動くことができます。

良い物件ほどスピード勝負になります。地方の不動産業者は、最初は警戒感を高めています。でも逆に興味も抱いているのです。「都会からわざわざ何しに来たんだろう？　どんなビジネスをするのか？　地元や自分に何を残してくれるのか？」など、人それぞれですが関心はあるものです。彼らとの関係強化が空き家・古家投資の肝になることがおわかりいただけると思います。

3 工務店から情報を得る

先ほど、工務店とチームを組むといいと言いましたが、地方では工務店が不動産業務（宅建業）をしている場合があります。ですから、賃貸物件を数多く扱っている工務店と仲良くすることで物件情報が入ります。もちろん建物を見ることができるので、収益性があるのかどうかもすぐにわかります。

しかし、空き家・古家の賃貸物件を多く扱っている工務店はかなり少ないのが現状です。私の場合は自分で工務店の方に空き家再生を教えて、再生専門の工務店をつくることから始めました。それが全古協の**古家再生士**というわけです（古家再生士については詳しくは２３２ページをご参照ください）。

地元の人は身近な魅力に気づいていない。投資は借りる側の視点が大事

私がこれまで多くの空き家・古家投資を見てきて思うことは、地方に住んでいる人たちは地元の価値を感じにくいということです。しかも、意外にも自分の住んでいるところを卑下《ひげ》することが多いのです。「うちの地元は利便が良くなくて柄《がら》が悪いからダメですね」「そもそも何もないところですから……」「とにかく人気のない地域なんです」という言葉をよく聞きます。

これはあくまで住んでいる人の感覚にすぎません。その地域で住宅を借りる側の視点で

見ていないのです。
所得・職業・世帯（家族構成やペット）・経済状況（借金なども含め）・趣味・健康状態など、人にはそれぞれの事情があります。そうした事情に合わせて住宅も考えるわけですが、借りる側の気持ちになることは、普通の生活をしているだけでは得られません。

世の中にはいろいろな人がいます。以前、私の所有する坂の上のアパートに駅前から引っ越してきた人がいました。理由を聞いてみると、「医者から運動するように言われました。自分は意思が弱いのでここなら嫌でも歩くと思って借りました」ということでした。また、トイレが汲《く》み取り式の物件に入居した人は、「私の田舎が汲み取り式だったので全然気になりません」と言って借りてくれました。

つまり、**借りる人の物件への感じ方は個人個人、**さまざまなのです。それよりも、**投資的に競合がどれくらい多いか、建て方・間取りに希少性があるかといったことのほうが大切**です。現に地元の不動産会社が「駐車場がないから入居者は決まりませんよ」と言われた物件に、ことごとく入居が決まったこともあります。物件を見に行ったときに、近所の方に「この辺りは借りる方なんていませんよ」と言われたものの、すぐに入居が決まったことも一度や二度ではありません。

つまり、その地域の土地勘があるかどうかより、「その地域での空き家・古家の投資の実績があるか」が大切なのです。

都市に住んでいる人が地方を見る目もこれと同じです。自分の感覚で考えてしまいがちです。人口が少ないから借りる人がいない、地方物件は管理が大変などと思うのは一般的な感覚です。地方でも人口が増加しているところや住宅（戸建）が足りないところもあります。あるいは、これまで人気のない地域だったのが、あるきっかけで人気の地域になるなどたくさんの事例があります。

要するに、**人口が多くても競合が多ければ意味がない**のです。たとえば、大阪にあるマンモス校K大学周辺は学生マンションがたくさんあります。つまり、競合が多い地域です。しかし、近年は自宅通学やリモートの授業もあるので借りる人が減っています。比較的きれいなRCマンションでも2万円台の家賃になっているものもあります。

結局、競合が多い地域というのはひとたび需要が減ってしまうと家賃が下がっていきます。逆に、田舎で人口が少なくても貸し出す物件が少なければ家賃は上がります。要は場所ではなく需要と供給のバランスが大切なのです。

地方には数十万円の物件も！効率を重視して狙えるチャンス

地方には数十万円で買える物件があります。都市部ではそのような物件はめったに出てこないものですが、地方ではけっこう出てきたりします。ただし、チャンスはあるもののリスクもあるので見極めが大切です。実際に投資に見合うものにかぎれば、物件数はその数十分の一になります。

多くの物件は、**再生はできてもリフォーム・工事費にお金がかかりすぎて利回りが出ないのです。**もちろん再生不可能な場合もあります。

逆に修繕する部分が多くなると、建物自体の価値は上がります。たとえば、程度のいい物件で５００万円だったとします。内装の表層と細かなところの修繕で費用が１００万円。総額６００万円で取得したとします。同じ総額６００万円だとすると取得費１００万円以下の物件では５００万円の修繕費がかけられるため、都市部の程度のいい物件と比べてかなり新しくなる部分が増えることになります。キッチンや洗面・トイレなどは新品になり、浴室はシステムバスになったりします。外壁も全面塗装できることもあります。

新しくなることだけでなく、住まいの形態・利便性に合わせることができるので、入居者にとっての価値が上がります。入居されてからのクレームも減ることになります。

全古協でも福島・宮城・石川・富山・熊本・岡山などの各県では、数十万円の物件での実績があり、利回りは15％を超えることもあります。

では、どうすれば数十万円の物件を購入できるのか、その見極めどころはどこにあるのか。

答えは簡単です。**時間と手間をかけてたくさんの物件を見るしかない**ということです。実際に売り出しが100万円以下の物件を見つけるには、パソコンに張り付きインターネットで検索し、不動産業者に足しげく通わなければなりません。それでも収益物件にならないものがほとんどです。

ですから、私はこのような超低価格の物件を狙うのはあまりにも効率が悪いと思っています。

また、不動産にかかわらず投資をするときに自分自身の手間と時間を計算に入れない人がいます。たとえば、物件を探すのに100軒見て、とても安い物件を見つけたとします。しかし、100件見るのに1軒あたり往復で3時間かかったとしましょう。最低賃金を時給1000円で計算しても、3000円×100軒ですから30万円、時給2000円換算で計算すればその倍、交通費などの諸経費を入れるともっとかかるでしょう。

これでは、あまりにも費用対効果が下がります。

「なんだ。結局無理か〜」という声が聞こえてきそうですね。そうではありません。費用対効果を考えて効率を高めればいいのです。そうした効率を上げる方法を次に挙げておきます。これらの合わせ技で効率を高めるのです。

1 最初から都市部ではなく地方を狙う

地方は物件数が多いのと競合が少ないことが魅力です。都市部では利回りがあって可能性のある物件を用意するのに、3〜5倍の物件を見に行かないといけません。

たとえば、3軒の物件を用意するのに、都市部では9〜15軒の現地調査が必要となります。その3軒のうち、買い付けが通るのが1軒あるかどうかです。しかし、地方では3軒用意するのに5〜7軒。その3軒から2軒買い付けが通ることもあります。

都市部の場合、現地調査から物件を購入できる確率が2％程度ですが、地方の場合は10％程度になります（全古協では、現在もこの確率をいかに高めるか、効率を高める方法を日々追求しています）。

2 その場で工事費が出せる業者と同行する

自分が現地で見て、次に工事業者と日程を合わせて行くのは不効率です。全古協が行っている工事見積もりは現地に着いて約30分くらいです。チェックする項目が整理されているので余計な時間がかかりません。同席する不動産業者も忙しいので、手際のいい現地調査を心がけています。

あなたもできれば工事業者とタッグを組んで、工事業者が現場をチェックしている際には、自分は不動産業者と話をして、売却理由やそのほかの情報を得ると、より効率的です。

3 地元の小規模な不動産業者を狙う

大手不動産会社は少額物件を扱いたくありません。地元で古くから営業している不動産業者は、その地域のことをよくわかっています。そして、常に地域の人からの相談を受けたりしている場合があります。それらの価値の高い情報を得ることができれば効率的です。

ただし、地元の不動産業者はよそ者を信用しない場合も多いので、空き家・古家再生を社会的意義も含めて話をするのがお勧めです。どのようなことをやるのか具体的にわかりやすく話をすることで相手の不安要素を取り除き、自分の利益だけではなく地域のことも考え、空き家・古家再生であると伝えることで受け入れてもらえることがあります。個人のプロフィール（紙面）を事前に用意して持っていくのも効果的です。

4　物件は1回の訪問でまとめて見る

地方の物件を調査する場合は一度にまとめて3、4軒は見られるように段取りしましょう。これは地方にかかわらず必要ですが、現地周辺の物件を選んでまとめて見るようにすると効率的です。

その際、業者が複数になっても問題ありません。しかし、時間設定（タイムスケジュール）は余裕を持って行いたいものです。相手はあなただけを見て商売をしていません。相手のビジネスを尊重して信頼関係をつくることが大切です。そうすると、その後にとっておきのいい話が入ってくるかもしれません。

5　地元の管理会社や工事会社とも話をしておく

物件を購入すると必ず管理の問題が出てきます。ですから、物件を購入することだけではなく、その後の手間も減らすためにも、同時に管理会社のあてをつけておくのが効率的です。

地方の管理会社には特徴があったりします。たとえば、客付け業者が管理をする風習があったり、特定の管理会社がほぼ独占していたりします。業者間の横のつながりも、都市部と比べ多かったり少なかったりとバラバラです。その地域の慣習や風習をよく理解しておくことが大切です。むろん、購入後の工事会社も同様です。

6 視野を広く持つ

視野を広く持つというのは、超低価格物件以外にも目を向けるということです。地方の場合、幅広く見ることによって、そのなかから掘り出し物が出てくることもあります。

超低価格帯を限定的に見ていてもすぐに行き詰まります。「へぇー、こんな大きな物件があるのか」「場所もすごいところにあるもんだな」「マンションでもこんなに安いものがあるのか」「オフィスだけど住居にできないだろうか」など、余裕を持って想像力を働かせ、楽しみながら物件調査を行ってください。

7 売却額を過剰に意識しない

売却額はあくまでも売主の希望です。こちらの希望額も提示してそこからは交渉です。

ただし注意は必要。株で言うところの指値は根拠がないために嫌われます。人と人の関係から良い情報は入ります。まずは人間関係を構築することを意識しましょう。

超低価格の物件で建物が比較的きれいなものもあります。それは入居者がいないであろう地域の物件です。言ってしまえば、利便性がとても悪い立地です。不動産業者に聞いてもネットで調べても、「住む人、借りる人はいないいんじゃない？」という状況です。

このようなエリアでは、比較的建物の程度が良くても100万円以下で売りに出ている場合があります。

たとえば、岡山県倉敷市児島地域は、賃貸はダメだろうと言われていた地域です。しかし、実は賃貸需要があることがわかりました。住み方の多様化で田舎暮らしの希望が増えていたのです。児島地域はコンビナートがあり、法人需要も多く極めて就業率の高いエリアでした。いっぽうで新しい住宅供給が少なく、需要と供給のバランスが取れていない地域でもありました。

これは児島地域の地元の不動産屋でしかわからない情報です。たまたま安いから買った投資家がそのことに気づいて物件購入をドンドン増やしているそうです。

そのほかにも岡山県の北区や大阪府枚方《ひらかた》市の山中の物件でも同じような状況があり、それに気づいた投資家は成功しています。このようなエリアは、認知度が高まるとすぐに相場も上がってしまいますので、どれだけ勇気とスピード感を持って投資できるかが勝負になります。

地方物件の面白味は、さまざまなところに潜んでいます。

コラム

空き家・古家投資は世界では当たり前。日本はまだまだ需要がある

近年、環境に対して世界中から厳しい目が向けられています。世界の平均気温が上昇し、脱炭素化に向けたカーボンニュートラルは、二酸化炭素をはじめとする温室効果ガスの全体としての排出ゼロを目指し、日本も２０５０年までに排出ゼロを目指しています。

こうした環境への取り組みは、自動車・工場・エネルギー・食や消費財など、企業のみならず個人レベルまで言われるようになりました。

そのなかで一番価値が高く、長期的な影響があるのは何だと思いますか？

私は住居だと思っています。しかし、この国の状況は世界から大きくかけ離れています。世界では中古住宅の売買が主なのに対し、日本では、中古住宅よりも新築住宅の購入のほうが多いからです。つまり日本は、住宅を長く大切に使わない国だとも言えるのです。

イギリスやアメリカでは、新築住宅より中古住宅のほうが高い場合があります。もちろん歴史的価値のあるものもあります。しかし、多くは手間暇をかけて手入れやリフォームをして独自の魅力をつくり出すことによる価値向上が中古物件の売買につながっています。ヨーロッパなど古い町並みが美しく保存されているのは、住居に対する基本的な考え方が違うのかもしれません。

しかし、日本人も古いものを大切に扱う精神文化があります。現存する最古の木造建築の法隆寺は約１４００年の歴史があります。そんな国であるのに、自分たちが住む家に関しては無関心なのです。元来、日本人はものを大切にして長く使う文化があるはずです。もう一度、住宅に関しても考え直し、ものを大切にする文化を取り戻したいものです。

むろん、高度経済成長期に田舎から多くの人が都会に押し寄せ、新築の需要が増加の一途をたどったということもあります。国の政策だと言ってしまえばそれまでですが、いま私たちは、この国が抱えている「空き家問題」にもっと関心を持たなければいけない時代を迎えているのです。

第3章

地方の空き家・古家はどう再生されているのか？

再生物件を知ることで イメージを具体化する

空き家・古家再生の成功の鍵は「**イメージ化**」にあります。物件を見て、その完成形をどれくらい具体的にイメージし数字に落とし込めるかが重要になります。

このイメージ化は決して特殊な能力が必要なわけではなく、物件件数を多く見ることによって養われます。**戸建は1つとして同じものはありません。「地域・築年数・建て方・土地・使われ方」によってすべて違うのです。**これが空き家・古家再生の面白いところでもあります。そもそもパターン化された画一的なものであれば投資対象にならないでしょう。

不思議なもので、**最初は「こんなボロ家で大丈夫かな?」「家に入るのも怖いくらいの建物だ」と言っていた人も、何軒も見てくると「これくらいのボロであれば全然きれいですね」「もっとボロいほうがいいのに」などと言うようになります。**

そうです。まずは慣れることです。それは建物だけではありません。たとえば、神戸や横浜など坂の多い地域では、「こんな坂の上に誰が住むんだろう?」「階段でしか行けない場所で大丈夫かな?」などと思います。しかし、その辺りに住んでいる人は、それが普通なのです。

地方も同じです。その地域に慣れることが大切なのです。とにかく**空き家・古家投資の第一段階は慣れること**です。そのうえで、家賃相場やリフォーム額については、場数をこなすことで具体的なイメージ化ができます。

ただ、やみくもに物件を見てもスキルは上がりません。効率化を図るには情報も必要です。地域の情報を教えてくれる人、建物の説明をしてくれる人、客付けのアドバイスをしてくれる人……、そういった人をつくれば3倍、5倍もの効率化が図れます。しかも、そういった人が多ければ多いほど、あなたのリスクヘッジになります。

やはり大手不動産業者や管理会社のみの情報ではかなり危険なのです。全古協では、「**空き家・古家物件見学ツアー※**」を全国で開催しています。まさしくこれがスキルアップをシステム化したものです。半日で空き家・古家物件を4、5軒見ることができます。工事途中の物件や完成物件を見ることもでき、ビフォーアフターでイメージ化ができます。

しかも、地元の空き家・古家再生の専門家と一緒に回るツアーなので、建物の見方やリフォームの方法を現物を見ながら解説してくれます。そのうえ、同じ目的の投資家たちと一緒に参加するツアーなので多くの視点で見ることができます。

このツアーは毎月開催されるので、半年でも続ければ30軒近く見ることができます。だんだんと見るべきポイントや注意すべきポイントを習得し自信もついてきます。早い人で1、2カ月で購入にいたりますが、通常半年から1年でまったくの素人が空き家・古家投資のイメージ化ができるようになり、実際に購入することができるようになります。

もしあなたが地方での投資を独自で始めるならば、現地の情報通や空き家・古家を再生できる業者と仲良くなって、彼らとともに1日数件の物件を見られるようにすることがスタートです。そして、できれば地域の家賃相場を知り、購入価格やリフォーム額を算出し、想定利回りを考えていくことを繰り返すことによって、空き家・古家投資のスキルアップにつなげてください。

※「空き家・古家物件見学ツアー」とは、空き家・古家再生の専門家（古家再生士）と投資家仲間と一緒に半日かけて空き家・古家を見て回るツアーです。だいたい3、4軒の空き家・古家と工事途中の物件、完成物件が見られます。現地で古家再生士の解説（物件の見方・近隣情報・想定家賃・リフォームの詳細・実績・この物件に対する考え方）があり、一緒に回る投資家の目線での話（先輩投資家のノウハウ・実績・雑知識）があり、現場での知識と経験・ノウハウを得られるツアーになっています。内見できる空き家・古家は、買い付け額・想定家賃・工事額・利回りなど収支シミュ

レーションが出されており、希望者は買い付けを入れることができます。空き家・古家物件見学ツアーは全国各地で開催され、毎月行われています。定期開催以外にも臨時物件見学ツアーもあり、急な売却物件やすぐに売れてしまう可能性がある物件も紹介しています。

不動産をエンターテインメント化する

不動産業界はとても閉鎖された業界です。生きているかぎり不動産にかかわらない人はいないはずなのに不動産のことをよく知らない人が大半という世界です。

もちろん、規制された業界であるからということもありますが、それだけではありません。不動産業界へのイメージというものがあります。「不動産は騙《だま》される、怖い。不動産は高額だから我々に関係ない。不動産は一部の人のことで、我々庶民には関係ない」と、何となくダークなイメージがあります。私としては、こうしたイメージを払拭《ふっしょく》したい思いがあります。

その1つが先ほどの空き家・古家物件見学ツアーです。このツアーは家を見る楽しみ、不動産投資を学ぶ楽しみを存分に体感できるように設計しています。

まずは、物件のエリアです。駅から歩いて周辺を見ることで地域の生活の匂いや人々の暮らしが見えてきます。

「こんな道があるのか」「かわいいお店がある」「景気のいい場所だ」「自然があり空気がいい」「意外と便利なところだ」などと、思いをはせて物件にたどり着く。

「昭和40年の新聞がありました。こんな事件があったんですね」「床に気を付けてください」「キャー、床が抜けてるー」「豪華な額に賞状が入っている。どんな方が住んでいたんだろう」など、現地では、古家再生士の解説を聞きながらほかの投資家たちとの会話が楽しめます。

「この辺りは駅からは遠いですが、スーパーや病院などがあって生活するには便利なところです」「この部分は腐食《ふしょく》していますが、こういう工事をすれば安価で直ります」「この物件は築年数が古いですが趣があります。その魅力を最大限生かしながらリフォームしましょう」など、ビフォーアフターのイメージができるようになれば、さらに楽しくなってきます。

また、「昔からこの辺りは……」と、地域をよく知っている先輩投資家の話もあります。

「私が前回購入した物件は、ちょうどこんな間取りですぐに入居者が付きましたよ。その入居者はなんと……」「以前、私が購入した物件は動産が残っていて、それを片付ける際に現金が出てきました。それも○十万円。ビックリして……」などなど。

こんな会話がたくさん出てきます。1つひとつの物件に歴史がありストーリーがあります。その物件は地域に根付いた物語となっていきます。「投資対象になるのか……」「思い通りの額で購入できるのか……」それこそドキドキワクワクの大人のエンターテインメントではないでしょうか？

そんな空き家・古家物件見学ツアーですが、参加者同士で買い付けが重なることがあります。その場合、値段を吊《つ》り上げることはしません。**しっかりと家賃からの逆算でシミュレーションをしている**ためベストな買い付け額だからです。よって買い付けが重なったときはジャンケンやくじ引きをすることにしています。

なかには、いつもジャンケンで負けるので「家で練習してきました」と言う人もいました。買い付けはお金持ちも学歴も職種も関係ありません。まったくの公平です。

以前、「もっとお金を出すから買わせてほしい」と言う人がいましたが却下しました。そんなことをしてしまうとお金の吊り上げ合戦になってしまいます。しっかりとシミュレーションして、売主、投資家（オーナー）、再生業者、入居者の「**四方よし**」の最適価格を提案します。

この空き家・古家物件見学ツアーは全国各地で行われていますが、人気ツアーはすぐに満席になります。常にキャンセル待ち状態です。そんななかで、地方エリアは狙い目です。そもそもツアーに参加する人が少ないうえ、買い付けに参加する人も少ないからです。必然的に購入できるチャンスが多くなります。

この項の最後に、そんな楽しく、時には手に汗にぎる空き家・古家物件ツアーに参加された方の声を紹介しておきます。

「日頃より大変お世話になっております。２０２０年11月に古民家再生プランナー（75ページ参照）に認定していただきまして、これで7軒目になります。おかげさまで、いつも楽しみながら取り組ませていただいております。

物件見学ツアーは、いわば〝お宝探し〟〝大人の遠足〟と思って参加しております。いつもさまざまな個性を持った空き家・古家のお宝をご用意、ご案内してくれる古家再生士の皆様及び関係者の皆様方には本当に感謝しております。

本業も決して手は抜いておりませんが、人手不足やら物価高やら、変化のスピードも速く、長期に安定維持するのは至難の業であります。それゆえか、古家を1軒購入するごとに『これでパート半年分の人件費はリスクヘッジ完了！』と、ひと安心している自分もいたりします。

このリスクヘッジの安心感は何ものにも代えがたく、本当にありがたく思っております。今後ともよろしくお願いいたします」

物件はこう変わる！論より証拠。成功事例から地方を知る

全古協で始めた地方での物件再生ですが、最も実績が多い場所が「**北陸**」です。**空き家・古家投資に向いている地域**と言ってもいいでしょう。

とくに石川県金沢市は、戦時にも空襲の被害がほとんどなく趣のある空き家・古家が多く残された地域です。それらの古い部分を残しつつ賃貸住宅にしています。「古いが新しい」という最近のレトロブームにもあるように、古さを残したデザインはこれからの若者にも受けることでしょう。

むろん地元の人はそうした空き家・古家を借りる人はいないと思っていました。そこで、これまで述べてきた需要と供給、再生に新しい試みができるのではないかということで、早くから注目してきた地域で、町づくりと投資活動の両立を図ってきました。

全古協では、空き家・古家に特化した再生専門の集団をつくり、ノウハウを画一化していますが、そのような人たちを「**古家再生士**」として任命し、会員の人たちへの買い付けアドバイスから工事まで一貫して行ってもらっています。つまり、空き家・古家投資の最前線で、最新の情報を持っている人たちです。

そんな古家再生士の指導役で、全古協の役員でもある空き家・古家再生の第一人者、マスター古家再生士の工藤さんに、金沢市の特徴から、実際にどのように再生したのかをレポートしてもらいました。

＊　＊　＊　＊　＊

マスター古家再生士の工藤です。まずは金沢市がどういった町なのかを紹介します。

金沢市の人口は約45万人で、多くの観光客が訪れる観光地で有名です。２０１５年に北陸新幹線が開通し、東京‐金沢間は約2時間半でアクセスできるようになりました。空路では小松空港があり、国内各地や一部の国際路線が航行しています。首都圏からは高速バスも利用可能です。

気候は、日本海側に位置するため、冬季は日本海特有の風の影響で多量の降雪があるのが特徴です。夏は比較的湿度が高く、暑さも厳しい場合がありますが、太平洋側の都市と比べてやや涼しい日もあります。

金沢市は何と言っても歴史的な背景が豊富で、多くの伝統文化や芸術が息づいています。日本三名園の1つ「兼六園《けんろくえん》」は四季折々の美しい風景が楽しめる庭園です。「金沢21世紀美術館」は、現代美術が展示されているユニークな形状の美術館で、文化的情緒たっぷりな空間です。

また伝統工芸では「金箔」が有名で、金箔生産で日本一の都市としても知られ、多くの金箔製品があります。食文化で言えば、海や山に囲まれ「じわもん」と言われる地元の食材をふんだんに使った加賀料理のほか、見た目も美しいスイーツも多数あり、観光客に人気を博しています。

金沢市の不動産市況はというと、一般的に市の中心部や駅周辺は土地価格が高く、郊外に向かうほど価格は下がります。現在では新幹線の開通の影響で、市の中心部の価格は上昇の一途をたどっています。

観光地としての特徴から、金沢市では民泊や宿泊施設への投資が注目される一方で、市内の商業施設やオフィスの需要も一定しています。そうした理由から、地域やエリアによって不動産の特性や価格帯が異なります。たとえば、兼六園や武家屋敷などの観光スポット周辺は土地や建物の価格が高くなる傾向にあり、それ以外では低価格な地域もたくさんあります。

そんな金沢市ですが、私がこの地域に進出したきっかけは以前から取引のあるお客様（投資家の方）の問い合わせからでした。その方は東京在住ですが、学生時代を金沢市で過ごした経験があり、いずれは金沢市へ移住をしたいと思うほどこの地を気に入っていました。そこで、投資先を移住予定先の金沢市に切り替えていきたいと相談を受けたのが始まりでした。

まずは現地を知るために調査に行くことになりました。もともと空き家・古家の再生を関東や関西でやっていた私にとって、金沢市は手付かずの空き家・古家がたくさんあることに驚きました。調べてみると賃料もそこそこある。実際に入居募集している戸建賃貸を見ると、あまり手をかけていない物件ばかりでした。

そんな状況を見て、私は金沢市のポテンシャルを含め、「この地はいける！」と確信するに至ったのです。

金沢市の空き家・古家再生物件の特徴

築50年以上の物件が多く、なかでも昭和25年以前の建物に関しては「金澤町屋」と呼ばれ、京都のような街並みが点在しています。雪国であるため建物もしっかりしています。また、趣のある建物を生かした再生をすることにより価値を高められます。賃料については関東・関西と変わらないくらいで、駅周辺はコロナ前からホテルや民泊などの宿泊施設が多くなり不動産価格が上昇傾向ですが、まだまだ空き家・古家投資の意識が少なく、チャンスは大きいと思います。

「こんな場所で、こんな建物が！」というような掘り出し物件も出てきます。

物件価格が安いものが多く、その分、工事費用にあてられるので物件自体の価値をかなり上げることができます。いまは当たり前のユニットバスを入れられる物件も多く、それにより入居者の生活向上が図れ、見た目も大きく変わります。物件購入は現金で行い、リフォーム代は融資を受ける投資家が多いように思います。

【金沢市の空き家・古家再生投資の実績（２０２３年10月現在）】

再生物件数：83戸（２０１８年から開始）

平均物件購入価格：約１５０万〜２００万円

平均工事額：約400万円
平均家賃：約6万円
平均利回り：約13％

■再生事例①　石川県金沢市材木町物件

DATA
築年数：不詳／土地：96・09㎡／延床面積：97・51㎡
購入金額：300万円／工事費：420万円
想定家賃：7万5000〜8万円／確定家賃：7万8000円
表面利回り：13・0％／募集開始から入居決定までの期間：1カ月

「金澤町屋」に登録された、町屋の雰囲気が残る魅力的な物件ですが、築年数が経っているための劣化がひどい状態でした。しかし、このエリアでこの値段で物件が出ることが少なく、これまでの業者さんとのお付き合いがあってご紹介いただいた案件です。

購入された方は大阪在住なのですが、すでに北陸地域でも数軒所有しており、信頼関係はできていたので、物件は内見なしで購入されました。

再生事例① 石川県金沢市材木町物件

BEFORE

AFTER

著者コメント

このように工事業者との信頼関係ができると遠隔地でも手間暇をかけずに物件購入ができます。最近では、現地を訪れずにオンライン契約もできます。ただ、100%任せてしまうのはよくありません。要所要所で必ず確認することが大切です。もちろん、工事業者との信頼関係を継続するうえでも顔を合わせることが大事です。

写真提供：工藤マスター古家再生士（金沢エリア）

■再生事例② 石川県金沢市白菊町物件

DATA

築年数：53年／土地：94・80㎡／延床面積：106・92㎡
購入金額：300万円／工事費：390万円
想定家賃：6万〜6万5000円／確定家賃：6万5000円
表面利回り：11・3％

観光地の西茶屋や繁華街の片町まで徒歩圏内の場所で、立地は良いところです。購入された方は地元の方なので土地勘があり、立地条件の良さから入居者がすぐに決まるという考えがあったようです。

立地が良い場所は、実際に入居付けがしやすく、また入居者に長く住んでいただけるというメリットがあります。こうした条件はまさに投資に最適な物件です。

再生事例② 石川県金沢市白菊町物件

BEFORE

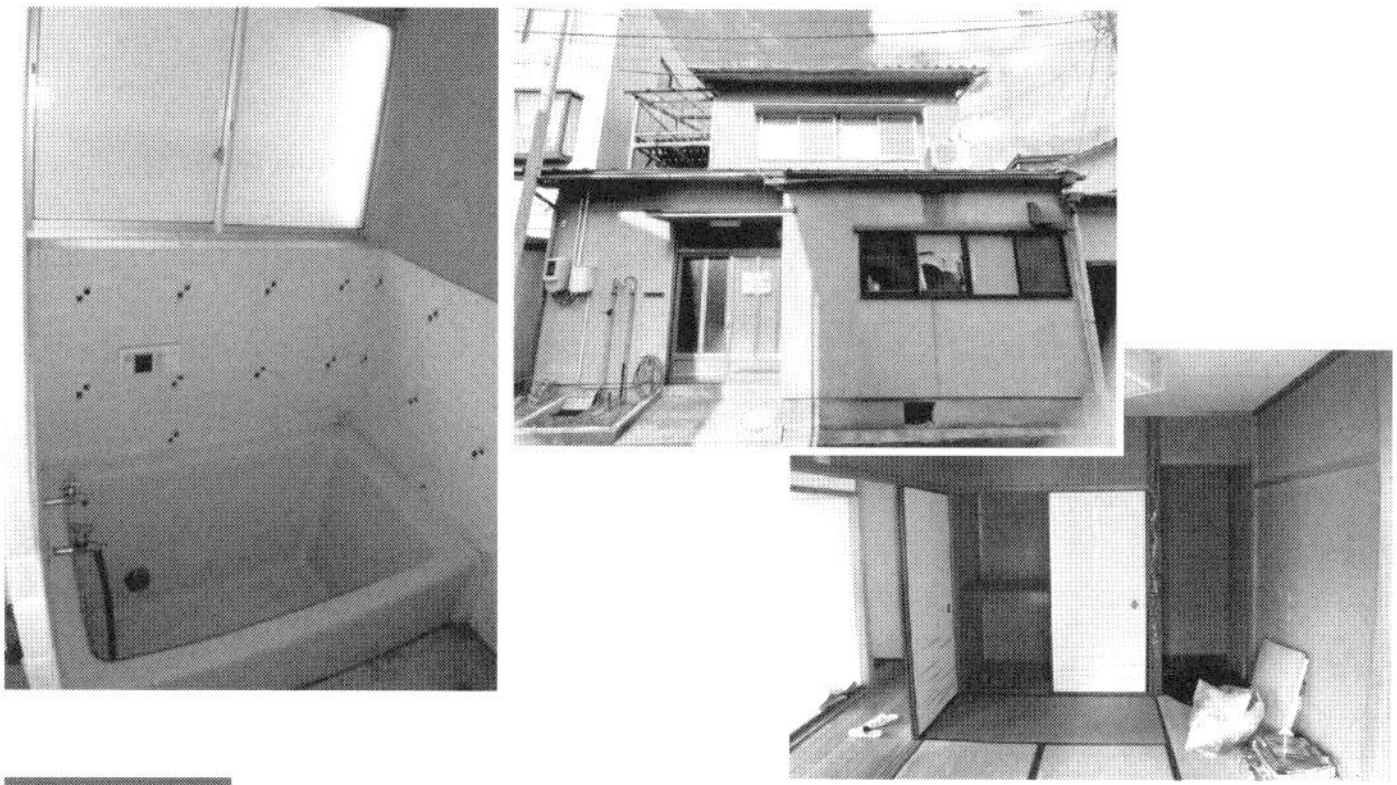

AFTER

著者コメント

地方都市での投資のポイントは、三大都市圏ではなかなか手に入らない中心地での大きな土地です。こうした物件は地方都市なら購入できるチャンスがあります。少し利回りは低いですが、それを上回る資産価値があります。今回のケースは購入者が地元の方ですが、そうでない人は工事事業者の意見、地元の方の意見、路線価などさまざまな角度から資産価値を考えるといいでしょう。

写真提供：工藤マスター古家再生士（金沢エリア）

■再生事例③ 石川県金沢市森山2丁目物件

DATA

築年数：不明／土地：72・62㎡／延床面積：61・97㎡
購入金額：350万円／工事費：400万円
想定家賃：6万～6万5000円／確定家賃：6万8000円
表面利回り：10・1％

こちらの物件も立地が良いです。金沢駅より車で約10分、観光地の東茶屋まで徒歩圏内の場所にあります。

建物の一部に2階まで続く物置があり、そこを利用して「キャットウォーク」をつくりました（口絵ページ参照）。購入された方も大変満足されていました。

再生事例③　石川県金沢市森山２丁目物件

BEFORE

AFTER

著者コメント

建物構造を利用してのキャットウォークは面白いです。全国的に猫市場は伸びているので人気の物件になりますね。３つの事例ともに物件購入価格が安いので工事費にウエイトをかけられます。ここまでしっかりと工事ができると入居後の問題も少なく、家賃も想定より上がる傾向にあります。急がないのであれば思い切った家賃設定で利回り向上を狙うのも面白いでしょう。

写真提供：工藤マスター古家再生士（金沢エリア）

北陸の港町、石川県金石地域での空き家・古家再生への挑戦

金石《かないわ》という地域は、石川県金沢市北西部に位置し、日本海に面した金沢港の西部にある古くからの港町で、金石の地名が付けられる前は宮腰《みやのこし》と呼ばれていた地域です。

この金石は古くからの町並みが残っており、金沢市による「こまちなみ保存区域」に指定されています。

そんな地域での空き家・古家再生の挑戦が始まりました。地域の住民からの、「金石の活性化を図りたい。このままだと寂れてしまう。何とかならないか」との言葉を耳にし、私たち（株式会社カラーズバリュー。著者が設立した空き家・古家の賃貸物件化やリフォームに特化した会社）の力で何とかできないかと考えました。

私が金石地域を見に行くと、金沢駅から車で30分ほどかかり交通の便が良いとは言えません。地域周辺の人たちからも、「あそこは難しいね」という声を耳にします。

たしかに、古い建物がたくさん残されていました。しかもそのほとんどが空き家になっていました。ただ近くにはスーパーや病院もあり生活に不便はありません。金石を調査し

てみて、私たちが空き家・古家再生をすれば少しずつでも町の活性化につながるのではないかと考えるようになりました。

最初は、当社で購入して実験。再生を施し、賃料が取れることを証明することができました。そして、主に関東・関西から投資家を集めて空き家・古家物件見学ツアーを開催しました。

この物件見学ツアーでは、当社が再生した物件を見ていただき、その出来栄えをイメージしてもらいながら現存する空き家・古家を案内しました。すると、その場で買い付けが入り、再生後はすぐに入居者が付きました。

その後は本格的に金石地域での空き家・古家再生に取り組むため、2021年から金石に拠点を構えました。地域の方々の協力を仰ぎながら、これまで町の活性化の一躍を担うべく尽力しております。

その結果、私たちの挑戦が金石の実績として出始めたのです。

【金石地域の空家・古家投資の実績】

再生物件数：15戸（2021年8月~2023年6月）

平均物件購入価格：約１２０万円
平均工事額：約４００万円
平均家賃：約６万円
平均利回り：約14％

また、再生物件の活用も広がりを見せています。会社の事務所や、店舗としてはカフェ、寿司屋、エステサロンなどが空き家・古家に興味を持っていただき、入居や入居予定があります。

当初の予定通り、少しずつですが町の再生が進んでいます。結果的に、町自体の価値も上がっています。投資家にとっても、利回りはもちろんですが不動産価値（キャピタルゲイン）が上がることにつながります。

入居者も新しい住み方を見つけて満足されている方もいると聞いております。入居者、地域の方、投資家、地域の工務店すべての方々のWin-Winを得られることは全古協の理念に合っています。そして何より私自身が誇りとやりがいを感じています。

私はこの金石をもっと魅力ある地域に育てたいと思っています。都市部に住む投資家からの投資によって、原風景はそのままに良きものを残しつつ町を活性化することにつなが

金石地区における古民家再生の事例

写真提供：工藤マスター古家再生士（金沢エリア）

ります。この地域での成功事例によって日本国中で同じことができます。

ですが、私たちの挑戦はまだ始まったばかりです。当社の事務所は築150年以上の元商家です（141ページ右上写真）。この事務所で、私たちならではの取り組みをスタートしています。コワーキングスペースとして、すでに3社が利用しています。また現在、宿泊施設を準備中です（実は檜《ひのき》風呂も用意しました）。

まだまだある。石川県金石地域での再生物件成功事例

全古協の特徴は「**賃貸向けの古さを生かす差別化リフォーム**」で、私たちの挑戦をきっかけに石川県の小さな町が変わろうとしています。

とにかく古い建物が多く、保存地区でもある金石地域は人口7000人ほどの小さな町です。そんな小さな町でも空き家・古家投資は成功しています。

その数は関東からの投資により着々と増え、購入物件13、うち入居済物件6、事務所1、店舗予定1、募集中物件1、工事中物件1、未着工物件3となっています。こうした流れができると投資家が集まり人も集まります。

小さな町ほどインパクトは大きく、空き家・古家再生で地域はどんどん活性化していきます。全国にはまだまだこのように、空き家・古家の活用で活性化できる地域はたくさんあると考えています。あなたが地方投資で成功するためには、地方の特色をつかみ、たとえ人口が少なくても「ここなら需要がある」「地域活性化に貢献できる」といった夢をふくらませながら、とにかく多くの物件の特色を知ることです。

そこで、まだまだある物件再生例を見ていきましょう。マスター古家再生士の工藤さんが手がけた金石地域での空き家・古家再生例を3つ紹介します。また、実際にうかがったオーナーの声なども掲載します。

■再生事例① 石川県金沢市金石西1丁目

DATA

築年数：不詳　土地：52・06㎡／延床面積：51・23㎡
購入金額：172万円　工事費：400万円
想定家賃：6万〜6万5000円　確定家賃：6万5000円
表面利回り：13・6％

金石地域であちこちに見られる外壁が板張りの建物です。浴室なし、全居室和室の古い建物ですが、物件を安く購入できているのでリフォーム費用に予算がかけられます。間取り変更で使い勝手の良い賃貸向きの物件に変貌《へんぼう》させることができました。

〈オーナーの声〉

金石西という場所は、当初予測では金沢市内中心部の泉野町よりも決まりにくいかと思っていました。泉野町は金沢市中心部で場所が良く、駐車場がありますが、金石西は中心部から遠く駐車場もありませんでした。

ただ、リフォーム後の仕上がりで考えると、以下の2点で客付けが早かったと思います。

1．金石西の物件は17畳のＬＤＫに間取り変更し、とても開放感のある2ＬＤＫにできたため、実際の延べ床面積51・23㎡よりも広く見える仕上がりになったこと。

2．金石エリアで営業年数が長い地元の仲介業者さんが募集窓口となったこと。

再生事例① 石川県金沢市金石西１丁目

BEFORE

AFTER

著者コメント

この事例でもわかるように、場所が悪い、駐車場がないなどの条件でも、入居が決まる場合がけっこうあります。戸建の唯一無二の特徴が出ていると思います。また、実績が増えてくるとその地域での特徴がよりよくわかります。実際には、戸建の希少性から地元の方も不動産業者たちにとっても想定外のことがよくあります。

写真提供：工藤マスター古家再生士（金沢エリア）

■再生事例②　石川県金沢市金石西2丁目物件

DATA
築年数：不詳／土地：52・06㎡／延床面積：74・00㎡
購入金額：150万円／工事費：400万円
想定家賃：6万～6万5000円／確定家賃：6万5000円
表面利回り：14・0％／募集開始から入居決定までの期間：2カ月

小ぶりな建物で、1階はところどころリフォームされており、建築当初の様相はほとんど見られない状態で、水回りも強引につくってあるような感じでしたが、2階は町屋風の和室がそのまま残っていました。

この古さを生かした全面リフォームでかなり生まれ変わり、必ず入居者が決まるだろうと予想される雰囲気の建物でした。

〈オーナーの声〉

昔の町屋にあるような階段上の蓋《ふた》を撤去せず塗装してそのまま使ったら、入居者がかなり気に入ってくれたらしく入居につながったということでした。

再生事例②　石川県金沢市金石西２丁目物件

BEFORE

AFTER

著者コメント

インナーガレージは１階部分を駐車場にする方法です。部屋数が多い場合や水回り部分が２階にある場合、ないしは２階に移動できる場合にできる手法です。工事予算がとれる地方物件だからやりやすいのですが、都市部でも家賃アップの手法として数件の実績があります。また、外壁を黒に塗ることにより町並みにマッチさせつつモダンな雰囲気をつくっています。これだけの差別化をすれば郊外でも入居者に困ることはありません。

写真提供：工藤マスター古家再生士（金沢エリア）

裏庭にミニ灯籠《どうろう》を置いたら雰囲気が出ました。狭いインナーガレージがあり駐輪場として募集しましたが、入居者は軽自動車を停めています。

■再生事例③　石川県金沢市金石下寺町物件

DATA

築年数：不詳／土地：72・48㎡／延床面積：105・55㎡
購入金額：150万円／工事費：550万円
想定家賃：7万～7万5000円／確定家賃：募集中
表面利回り：12・0％

元クリーニング店だった店舗付き住宅の物件です。何年も空き家になっており、窓も割れた状態のままで壁も一部崩れ落ち、雨漏りもしている物件でした。なかなかハードな空き家です。古家に慣れない投資家はボロボロ具合に驚かれていました。

柱、床が腐ってしまっていたところは吹き抜けにして空間を演出しています。店舗部分だったスペースをガレージにし、駐車スペースをつくることで賃料を上げることができました。掘り出し物件です。

再生事例③　石川県金沢市金石下寺町物件

BEFORE

※ Afterは150ページ

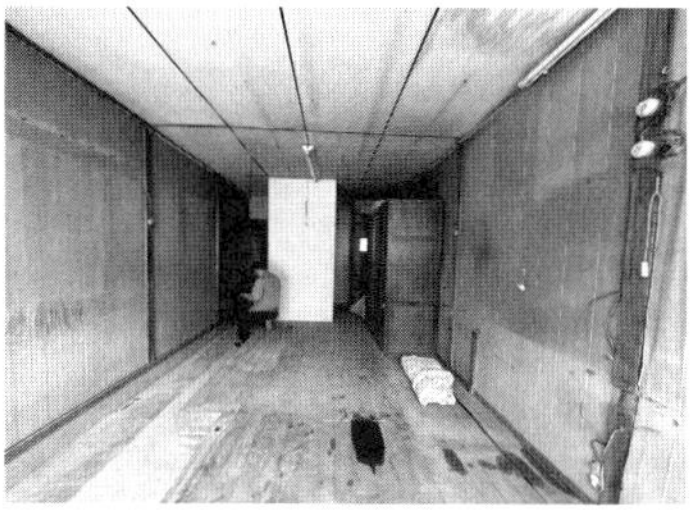

AFTER

著者コメント

何と言っても、金石の特徴は購入価格が安いということです。ほかの２つの事例でもわかるように工事で大きな付加価値を付けることができます。物件自体がかなり古く、大工の腕も必要で難しい部分も多いようですが、そこは職人気質です。余計にやりがいを持ってやってくれます。この事例では、工事予算があり外観もかなりきれいに仕上げられていて、入居者も自慢ができるのではないでしょうか。２階の内装は木をむき出しにして費用を抑えながらオシャレな雰囲気をつくっています。この辺りの建物は、うなぎの寝床(奥に長い)が多く、それをうまく利用した再生をしています。古さとモダンさの絶妙なコンビネーションが楽しいですね。

写真提供：工藤マスター古家再生士（金沢エリア）

地方だからできる。遊休地にインスタントハウスを建設

金石での空き家・古家再生は着実に進んでいます。金石地域の方々や行政とも良い関係をつくりつつあります。町全体の価値が上がることで、物件を所有するオーナーの資産価値はとても大きくなると思います。もちろん、個人が町を活性化しているという誇りも感じられます。

金石地域の最後の事例として新しい試みを紹介します。遊休地にインスタントハウスというテントのようなモデルハウスを設置し、災害時の避難用仮設住宅やグランピングなどさまざまな用途に使える工作物として販売を行っています（口絵、１５２ページ写真）。

インスタントハウスは、テントシートを地面に設置し、空気を送り込んでふくらませます。５分ほどでシートがふくらんだら、内側から断熱材を吹き付けて固めて、４時間程度で完成です。インスタントハウスは風速80ｍにも耐えられる強度があり、断熱材の効果で室内は快適な温度環境を保つことができます。

インスタントハウス

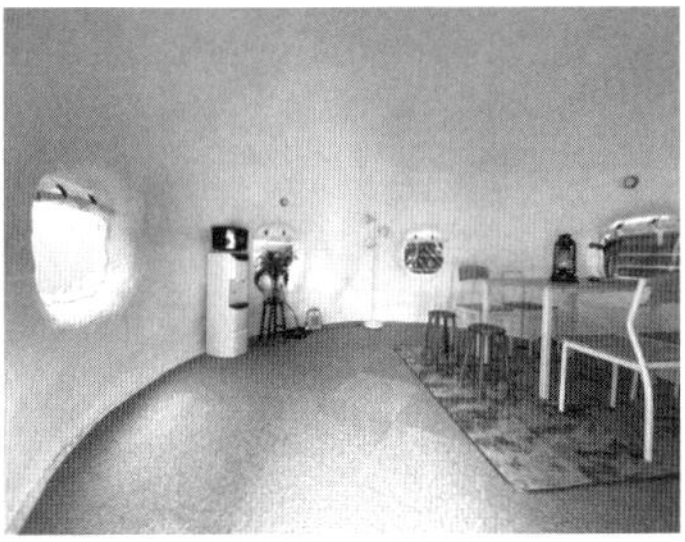

名古屋工業大学大学院の北川啓介教授の研究をもとに、2018年から株式会社LIFULL ArchiTechと名古屋工業大学との共同研究にて開発された新しいプロダクトです。株式会社LIFULL ArchiTechが販売代理店になっています。

設置には特別な工具は不要、解体・移動も簡単なため、さまざまな用途で活用できます。一時的に設置するテントや倉庫と同じ扱いのため、空いている土地どこにでも設置することが可能です（場合によっては行政への確認が必要）。

また、ビニールハウスに比べて温度管理の費用が安くすむため、エネルギー使用量が抑えられ、二酸化炭素排出量を削減できます

このモデルハウスを金石から発信し、町のさらなる活性化に役立てようとしています。インスタントハウスを使って遊休地活用の新しいモデルが生まれると思っています。また、LIFULL ArchiTechさんとともに、この技術を使った次世代の空き家再生方法を検証しています。地方の空き家・古家は土地が広く、スペースが空いているものがあります。そういったところに設置するこ

とで、新しい住み方や活用方法を提案できるのです。

能登半島地震で北陸地方が被災。私たちが支援できること

2024年元日の16時10分に能登半島を襲った地震は、マグニチュード7・6。家屋倒壊や土砂災害、津波などにより亡くなられた方は200名以上、1万4000人を超える方が避難所での生活を余儀なくされるという甚大な被害となりました。

この能登半島地震は、石川県金沢市でも大きな被害があり、空き家・古家再生物件も建物の壁が割れたり、土壁の粉が落ちたりといった被害が出ました。とくに再生物件は築40～50年の建物が多いので、その被害状況を確認する作業が必要になりました。

そこで、空き家・古家再生を担う金沢・富山・小松エリアの再生士が動きました。金沢エリアで100軒以上の再生をしてきたマスター再生士の工藤再生士と、富山エリアの折原再生士、小松エリアの村元再生士の3人です。能登半島地震の被害状況、そして、入居者の方への物件のフォローについてレポートしましたので、紹介します。

震災後、すぐに入居者の方の安否と建物の状況を確認

金沢エリア再生士の工藤です。その日は正月ということで大阪に帰省していたのですが、地震が発生した翌日2日には金沢の事務所に戻り、物件被害の確認作業に取りかかりました。まず、築150年の商家を再生した事務所の被害は、地震保険でいう「小半壊」のレベルでした。玄関ガラス戸破損、一部柱の傾き、土壁破損等、修繕には費用はかかりますが住めない状況ではなく、事務所として機能できるのが幸いでした。

ただ、私が再生を手がけた物件の被害状況はわかりませんでしたので、まずはその確認作業が必要でした。隣の富山エリアの折原再生士と小松エリアの村元再生士が協力してくれて、3人で役割を分担したうえで、入居者の方々の安否の確認、建物の被害状況の確認、修繕作業の段取りなどを行っていきました。

まず実施したのは、物件を管理している管理会社と打ち合わせをし、建物の被害状況を確認することです。私が担当している物件に関しては、入居者の方の不安を少しでも取り除こうと、直接お会いして建物の状況を確認し、修繕方法の説明をしていきました。

それと同時に、オーナーに連絡して保険申請をしてもらうように依頼をしていきました。

地震保険の場合、屋根、基礎部分、外壁などの躯体《くたい》が対象になるのですが、この修繕費用

の折衝も進めていきました。

オーナーの方々は私たち再生士を信頼してくれていますので、保険の申請などには協力的で、「その後の修繕も再生士に任せる」という方がほとんどです。もちろん投資という観点で物件を所有しているのですが、社会貢献の意識も高い方たちなので、この部分の思いは私たちと共有しています。

なので私たちは、オーナーさんに替わって修繕作業まできっちりと終えることを責務として取り組んでいます。これは、言ってみれば使命感のような思いもあります。何より、私たちが手がけた再生物件に入居者の方が安心して暮らせるようにする作業だからです。

ここまでの確認作業は、震災後10日ほどで終えることができています。

被害状況ですが、対象となった１００軒以上の物件のなかで、全倒壊という建物はありませんでした。ただし、壁が割れてしまったり柱と壁に隙間ができたりした物件はあり、入居者の方々は恐怖感を感じていていました。余震も続いていましたので、避難所で過ごされたり、実家がある方はそちらに避難される方もいました。

被害にあった建物は、修繕すれば住めるものがほとんどでしたが、正直「大丈夫ですよ」と入居者の方に言い切れないものがありました。被災された気持ちを考えると、入居者の方々の言葉の重みをひしひしと感じざるを得なかったからです。

修繕までの段取りをする作業のなかで、被災された入居者の方々の話を聞くことが、一番つらいものでした。今後は、実際に修繕をしていく段階ですが、これから随時進めていくものの、ある程度の時間が必要だと思っています。

震災支援、そして復興へ着実に歩む金沢の力

そんな地震への支援活動については、直接の活動は自粛していました。というのも、金沢市は、周辺の地域から働きに来ている若者が多くいるからです。ご両親が輪島市に住んでいるという方もいました。

そんな彼らが率先して水や物資などを被災地へ運んでくれていたので、支援物資については、震災から1週間ほどで、十分ではないですが行き届いているかと感じました。地震という災害のなかですが、地域のまとまりをよりいっそう強く感じました。

震災から1カ月経ち、金沢市の港で「輪島の朝市」をやるということも決定しました。輪島の港は陸地が隆起してしまい、漁港再開のめどが立っていません。その応援の気持ちを込めて、日本3大朝市の1つ「輪島の朝市」をここ金沢で開催しようという試みです。

このように、石川県では復興に向けて早く元気になってもらおうとする取り組みも始まっています。

さて、震災後の支援ではありませんが、私たちが事前に行っていたことが1つあります。それはインスタントハウスというドーム型の工作物（口絵、152ページ写真）を防災用の備蓄置き場として、昨年から事務所の横に設置していたことです。

まさか、本当に役に立つとは驚きましたが、震災から約1カ月経ったいま、このインスタントハウスを数棟、能登方面の公共施設等に無償提供する活動に参加しています。避難所としての役割まではいきませんが、まだ余震が心配されるなかで防災備品を備蓄する場所としてお役に立てればと思っております。

また現在、私の会社で所有している再生済みの空き物件を、被災された方に提供していきます。1～2年間は入居者の方に行政から補助金が出ますので、それまで安心して暮らせるよう進めていきたいと思っております。

再生士たちの協力体制、そしてこれから

最後に、被災した再生物件の修繕、地域への支援活動とともに、これからの空き家・古家投資の対象となる物件も再生を考えていかなければなりません。果たして、金沢・富山エリアで活動を再開していいものか、ほかの北陸エリアの再生士とともに検討も重ねてきました。

別の地方の再生士の方からも、被災直後にご連絡をいただいたり、「何か協力できることがあれば言ってください」という応援をたくさんいただきました。再生士同士の横のつながりは強く、何かがあれば必ず手を差し伸べてくれる頼もしい存在です。

今回は初動がうまく機能した印象があります。富山・小松エリアの再生士2人が共に活動してくれたことで、大きなトラブルもなく修繕工事へと進めることができ、感謝しております。

先日も再生士同士の勉強会があり、そこで震災時の状況や活動を報告させていただき、今後、あらゆる地域での災害時におけるマニュアルをつくって共有していくことについても話し合われました。

再生士同士、各エリアの担当に誇りを持ってやっています。そして、何かあれば惜しみない協力をしてくれる仲間です。ですから、私も金沢という地を活性化していくことを自分の仕事と感じています。

空き家・古家再生事業も、再開することにしました。現在、物件を投資家の方に紹介する物件ツアーを募集したところ、数名の方から参加のご意向をいただいています。地域の復興・活性化に賛同してくれる投資家の方々、入居者の方々の喜びとともに、事業が再開できることに感謝し、これからも北陸地方をはじめ、全国の空き家再生のためにまい進していきたいと思っております。

＊　＊　＊　＊　＊

以上が、工藤再生士のレポートです。私はこの能登半島地震で、北陸地方の再生物件事例が多く掲載されている本書を出版していいものか悩みました。

しかし、こうした取り組みをあらためて報告いただき、空き家・古家再生事業はやはりなくてはならないものだと思いました。ですから、全古協としても災害時におけるフォロー体制を構築していくとともに、耐震工事におけるさまざまな提案を投資家の方にしていけるマニュアルをつくっていきたいと思っています（耐震についての考え方は257ページ参照）。

また、インスタントハウスの能登方面の公共施設等での設置については、全古協からハウス費用と設置費用を寄付させていただきました。こうした支援活動についても、社団法人として何ができるかを視野に入れながら、空き家・古家投資が単なる投資事業ではなく、社会貢献の事業であることを誇りにしていきたいと思います。

この項の最後になってしまいましたが、能登半島地震で亡くなられた方のご冥福と被災された方々へお見舞い申し上げます。

富山県でも空き家・古家投資に成功。再生物件3例を紹介

金沢県の隣、富山県も同じく古くから栄えた地域です。地方としては類似性があり、全古協では富山県でも空き家・古家投資を始めています。そこで、富山エリア古家再生士の折原恵さんに富山県の状況をレポートしていただきます。

＊　＊　＊　＊　＊

富山エリアで空き家・古家再生をしている折原です。

富山県は日本列島の中心、本州の中央北部に位置し、東は新潟県と長野県、南は岐阜県、西は石川県に隣接しています。人口は約１００万人で、15の市町村から成り立っています。

富山県は自然や文化が豊富で、多くの観光客が訪れます。

富山県は日本海に面していて海岸線には美しい景色が広がっています。また、立山連峰をはじめとする山々もあり、四季折々の自然を楽しめます。

多くの歴史的な建造物や伝統文化が残されており、代表的なものとして世界遺産にも登

録されている「五箇山《ごかやま》の合掌造り集落」や桜の名所として知られる「富山城」、高岡市の「高岡銅器」などが有名です。

食文化では、海産物が豊富で、新鮮な魚介類を使った料理が多数あります。また、氷見《ひみ》市の「氷見うどん」や「富山ブラック」と呼ばれるご当地ラーメンも、多くの観光客に人気です。

観光客に人気のスポットは、何と言っても「立山黒部アルペンルート」で、立山連峰を走る総延長37・2㎞の道路は壮観な景色です。世界有数の山岳観光ルートとして知られています。

富山市までのアクセスは、東京から北陸新幹線で2時間15分、大阪からははおよそ3時間ほどです。飛行機では関東・関西各所から富山空港までの路線があります。

そんな富山県ですが、私が再生エリアとして選んだのは富山市から西へ18㎞ほどの高岡市です。高岡市は富山市に次ぐ第2の市で人口は16万人ちょっと、加賀前田家の2代当主、前田利長《まえだとしなが》が築いた城下町で、空き家・古家が多く残されています。

再生物件が豊富にあり、結果的に11～13％の利回りを出すことができました。

■再生事例① 富山県高岡市大町物件

DATA

築年数：不詳／土地：98・15㎡／延床面積：170・76㎡
購入金額：30万円／工事費：530万円
想定家賃：6万〜6万5000円／確定家賃：6万円
利回り：12・8％

当初、購入額が150万円で話がまとまっていましたが、その途中で隣地が解体されたため、外壁修理代分を引いて30万円で購入できました。

高岡市で何度もお世話になっている仲介業者からの紹介で、全古協のスタイルを十分理解し、あらかじめ金額を調整して話を持ってきてくれました。そのため、この物件も低額で購入することができました。

高岡市の物件は駐車場付きのほうが入居が決まりやすいため、ガレージを新設する提案をしました。玄関に入ると土間スペースが広く取られている家が多く、ガレージの新設にちょうどよいスペースになっている場合があります。この物件もそのパターンです。

再生事例①　富山県高岡市大町物件

BEFORE

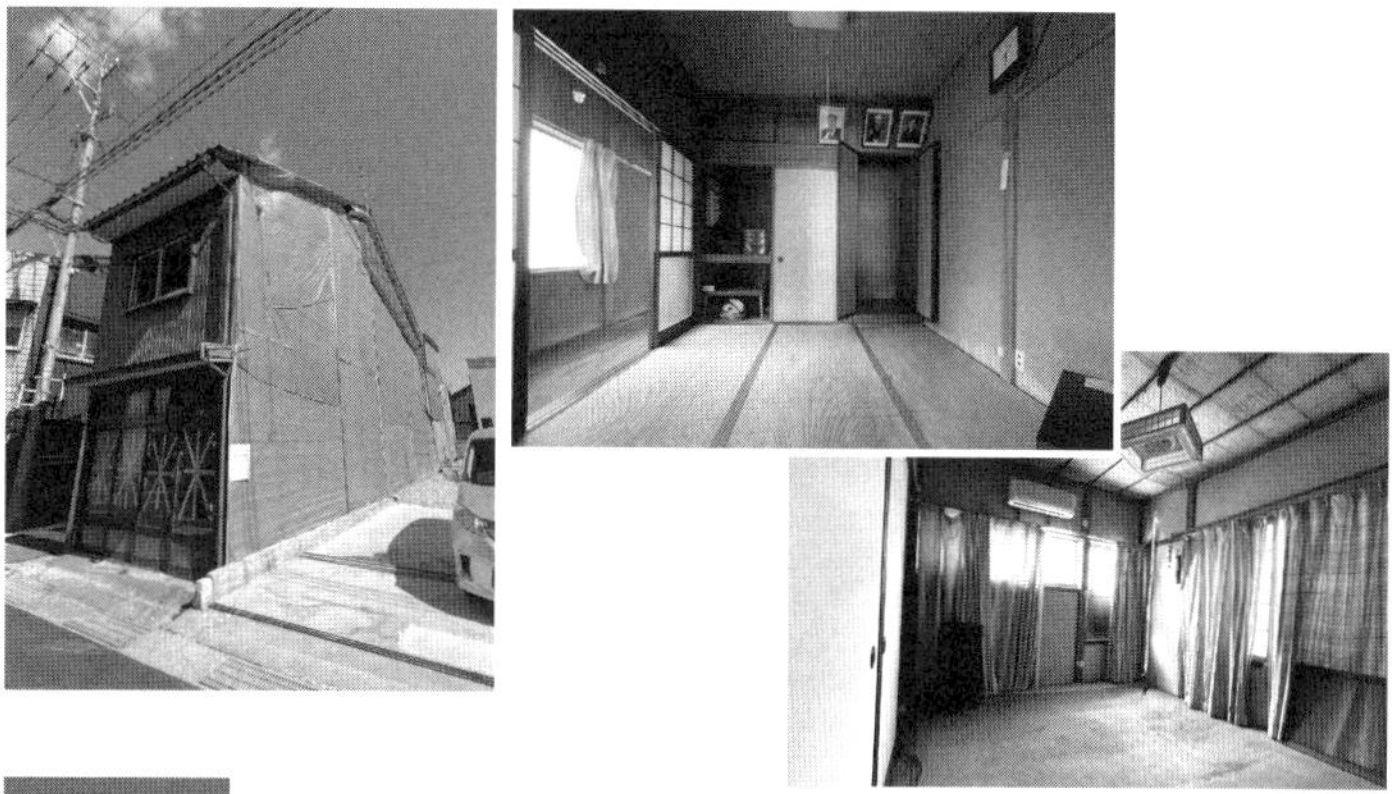

AFTER

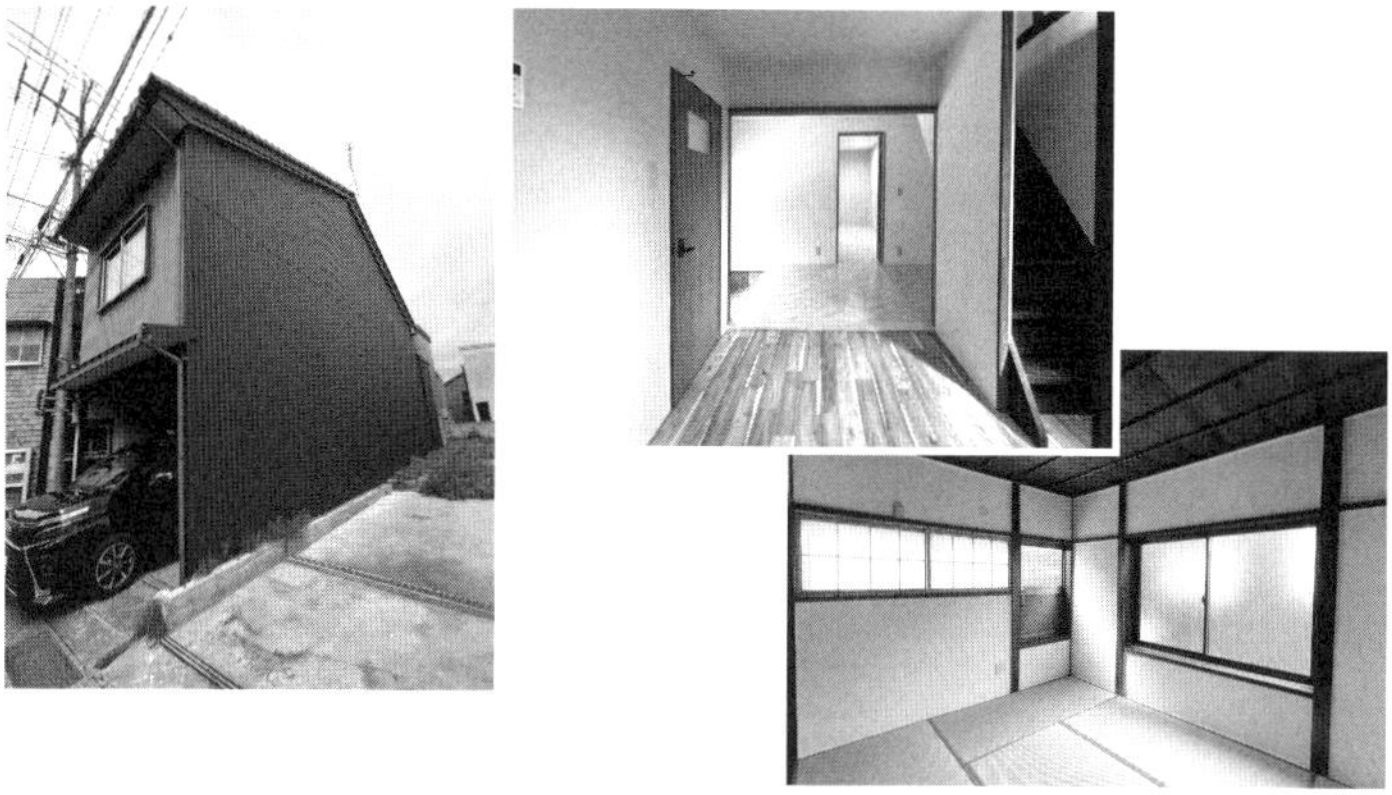

著者コメント

地方物件の弱点である駐車場なしを補うため、建物の中（土間）に駐車場をつくる工事をしたことで、入居者への訴求力は格段に上がりました。外観もきれいにしてユニットバスを入れたことも入居者のニーズに合わせたものです。ユニットバスは寒さが厳しい東北・北陸地方では入居者に喜ばれます。これも購入費用が低いからこそできるのです。

写真提供：折原古家再生士（富山エリア）

■再生事例②　富山県高岡市定塚町《じょうづかまち》物件

DATA

築年数：52年　　土地：106・80㎡／延床面積：148・60㎡
購入金額：240万円／工事費：380万円
想定家賃：6万～6万5000円／確定家賃：5万9000円
利回り：11・4％

この物件は、高岡駅から徒歩10分と立地も良く、内部の状態も比較的いい状態の古家でしたが、かなり傾きを感じる物件で、そのため懸念される投資家がけっこういました。改修工事では床のレベル調整で傾きを解消しています。駐車場はないのですが、近隣に月極駐車場が多く、駅から近いということもあり駐車場なしでも入居が決まりました。

再生事例② 富山県高岡市定塚町物件

BEFORE

AFTER

著者コメント

家の傾きはどれくらいなら許容範囲で修繕できるレベルかという判断は、一般の方では難しいです。信頼できる工事業者と一緒に行くことでほかの投資家が躊躇する物件でも購入できるようになります。また、あえて外観やお風呂に手を入れないという判断も、工事業者と一緒に考えてもらうことで、安心して購入を即決できます。

写真提供：折原古家再生士（富山エリア）

■再生事例③ 富山県高岡市宝町物件

DATA

築年数：51年　土地：191・58㎡　延床面積：149・67㎡
購入金額：200万円／工事費：490万円
想定家賃：7万～7万5000円／確定家賃：7万3000円
利回り：12・7％

7LDKの大きな家です。高岡駅から車で約7分、徒歩圏内には市役所や病院があり立地も良いところです。この物件も駐車場がなく、投資家からは広すぎるので賃貸にするイメージがわかないという声もありました。しかし、逆に広さが功を奏して、二度も法人が社宅として借りてくれました。

再生事例③　富山県高岡市宝町物件

BEFORE

AFTER

著者コメント

この事例は例外と言えるかもしれません。通常は大きな物件は利回りが合わないので、投資家もなかなか購入することができません。物件が大きくなる分だけ家賃が比例して上がることはないからです。物件が大きくなるということは建物も大きくなり工事額も上がります。しかし、地方では法人の借り上げ事例が増えています。逆にこういった物件ばかりを狙っていくのも競合が少なくいいかもしれません。

写真提供：折原古家再生士（富山エリア）

北陸以外にもまだまだある再生成功事例。兵庫県の地方物件

ここまで北陸地域の物件を紹介してきましたので、別の地方都市、兵庫県での事例を紹介しましょう。

兵庫県加古川市は、神戸市と姫路市の間にあり、関西の人でも名前は知っていてもどんなところか知らない人が多いと思います。加古川市の人口は約25万人。神戸市や姫路市と比べると、決して大きな市ではありません。

しかし、姫路市へは電車で10分程度。神戸市三宮へは約30分、大阪へは約1時間という場所にあり、都市圏へのアクセスは良い環境にあります。このような昭和40～50年代に発展した都市圏のベッドタウンが空き家・古家投資の1つのエリア候補になります。

特殊要因としては、隣の明石市は「子育て支援」など福祉関連の政策により、10年連続で人口が増加しています。明石市は人気のあまり賃料が年々高騰しており、近隣のエリアに引っ越しを検討する人も少なくないとのことです。

知名度が低いが交通の便がいい、そしてこの特殊要因。これらの条件を考えれば、空き

家・古家投資のなかでもポテンシャルの高い地域と言っていいでしょう。このような地域を探すには、現地に行くことです。物件を見て、売買・賃貸両方の不動産業者との会話から情報を得ていきます。

■再生事例① 兵庫県加古川市物件

DATA
築年数：42年　販売時：480万円／購入金額：400万円
工事費：263万円　家賃：6万5000円／利回り：11・8％

〈買い付けから入居付けまでの経緯〉

売主が亡くなって相続案件として売却された物件で、買い付け申し込み金額にて購入しました。再生が完了し入居募集を家賃7万円で開始しましたが、1カ月経っても問い合わせが少なかったため6万5000円に変更しました。

利回りは想定より下がりましたが、オーナーから早期に入居を決めたいとの意向がありましたので募集家賃を5000円下げたところ、2カ月以内で入居が決まりました。

再生事例①　兵庫県加古川市物件

BEFORE

AFTER

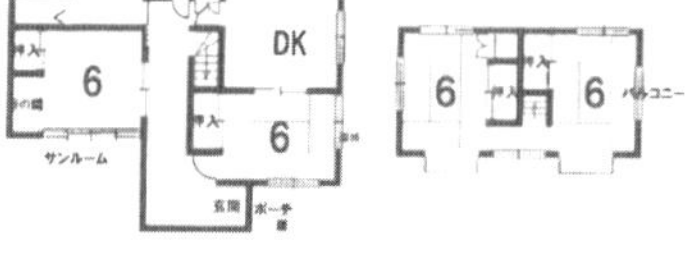

写真提供：横山古家再生士（兵庫エリア）

■再生事例② 兵庫県高砂市物件（加古川市の隣の町、人口約10万人）

DATA
築年数：42年　販売時：380万円／取得費：200万円
工事費：337万円　家賃：6万5000円／利回り：14・5％

ご主人が亡くなり近くのマンションに息子さんと移住することになったということで奥様が売却された物件です。工事着手後にシロアリ駆除、コウモリ駆除、漏水が発生し、工事費が当初より追加となったために少し利回りが下がりました。

家賃は6万円で募集をしましたが、入居希望者が犬を3匹飼っているとのことで、プラス5000円で了承いただき、最終家賃が6万5000円で決まりました。

以上の事例でもわかるように、地方物件は都市部と比べて建物が広く、比較的きれいで程度がいいということです。こうした物件は融資も得やすいと思います。

兵庫県高砂市物件の事例のように、物件状況によっては工事費がかさむ場合もあります。しかしそれを補うように、ペット可にして家賃アップを狙う手法もあります。忘れてはならないのは、**家賃アップを狙えるのは競合が少ないから**です。そして、実績が出ると

再生事例② 兵庫県高砂市物件

BEFORE

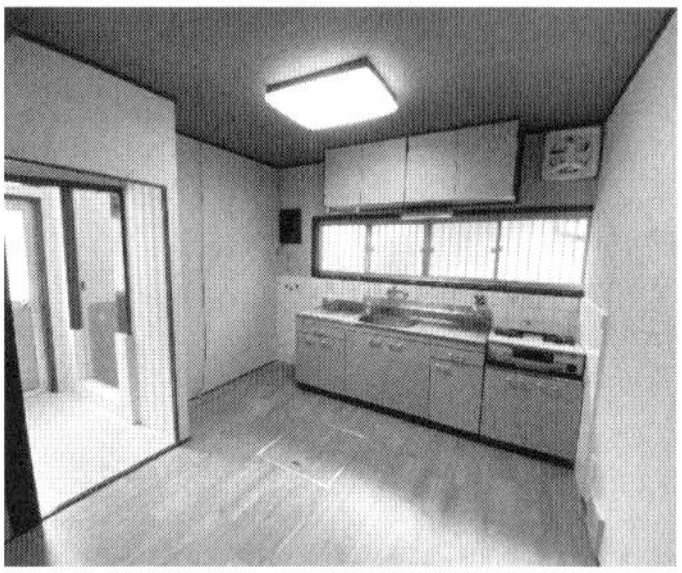

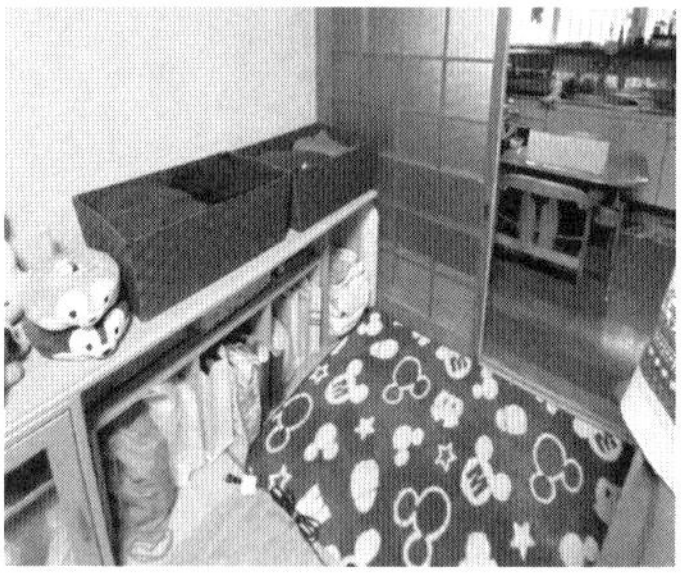

AFTER

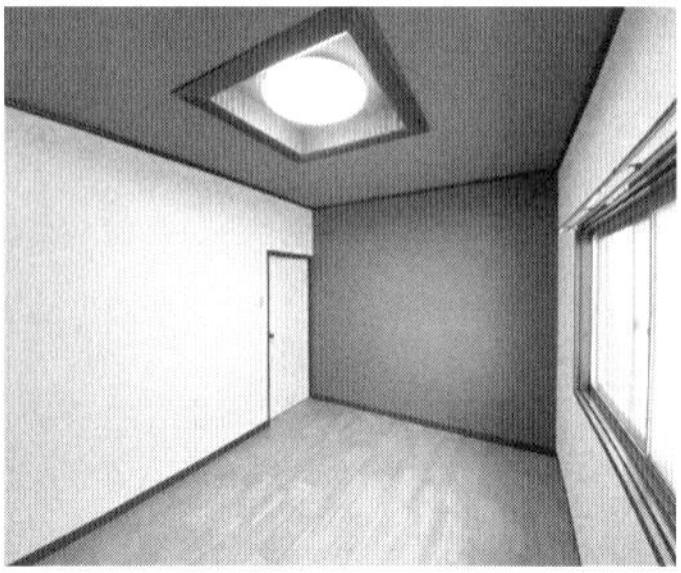

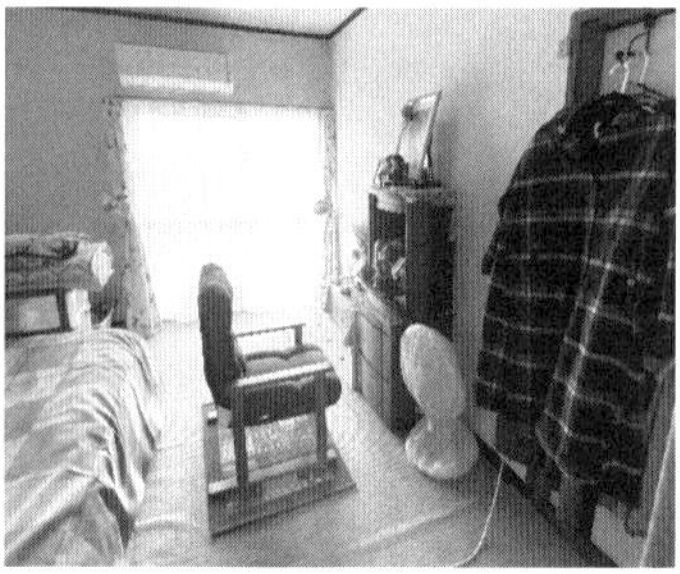

写真提供：横山古家再生士（兵庫エリア）

地元の不動産業者からも信頼を得てどんどん情報が入るようになります。競合が少ないということは、不動産業者にとっても貴重なお客さんとなるのです。

地方最大の魅力は土地の広さにあり

地方物件の魅力は、何と言っても土地が広いことです。地方都市近郊に住んでいる人たちの生活には車が欠かせないことは言うまでもありませんが、車を利用することがマストなため、駐車スペースについては空き家・古家再生にとって常に頭に入れておくべきことです。

たとえば、駐車スペースが1台ある物件でも、もう1台分、さらにもう1台分確保できないかと考えるのです。これが家賃アップにもつながります。

■駐車スペース再生事例① 熊本県菊池市泗水町《しすいまち》物件

DATA

築年数：35年　物件購入額：180万円／工事費：274万円
想定家賃：5万円／想定利回り：13・2％
確定家賃：6万8000円／確定利回り：18・0％

地方では駐車場が大きな武器になるという事例です。この物件は、もともと1台分の駐車場がありましたが、庭をつぶしてさらにもう1台分の駐車場にすることで、物件価値を上げています。想定利回りは13・2％でしたが、駐車場を増やしたことが家賃アップにつながったため18・0％の高利回りの物件となりました。

地方においては、どの地域も共通なのが駐車場の重要性です。その分、都市部より駅前の価値は低い印象があります。

駐車場は多ければ多いほどいい。前道や周辺環境も駐車しやすい物件のほうがいい。運転が苦手な人でも停めやすいというのもけっこう気にかける要素です。ただ、理想を言えばキリがありません。そこはリスクとリターンのバランスを考えてください。投資だと考

駐車スペース再生事例①　熊本県菊池市泗水町物件

BEFORE

AFTER

写真提供：川口古家再生士（熊本エリア）

えるなら、そのことを頭に入れながら足りないものをどこで補えるか考えるのです。

ここで地方の大きなメリットとなる駐車場におけるポイントをまとめておきます。

1　近隣駐車場はあるか

できるだけ50m以内の駐車場を探す。空きがあれば先に押さえておく。

2　駐車場をつくることができるか

1台分駐車場があっても、さらに軽自動車1台分でも増やせないか検討する。1階の部屋を駐車場にするなども考える。

3　近隣の空き地の交渉

駅近物件でも駐車場がなければなかなか決まらな

いケースがある。近隣の地主に直談判して空き地を確保し、駐車場付きにしたらすぐに入居が決まるケースが多い。

4　空き地を購入して複数台止められる駐車場にする

駐車場やその近くの庭のある物件をもう1軒購入し、共同の駐車場にするかを検討する。

5　家賃を下げる

駐車場の確保ができなければ、最後の手段として家賃を下げる。利回りが落ちても安定収入があれば次に生かすことができると考える。入居が決まらなければ先へ進めないため、どこかで割り切ることも大切。

以上のように、地方では敷地が大きく、部屋が多いので、このような考え方ができます。敷地・建物が大きければ使い方の幅が広がるという、地方ならではの事例です。

ペット可の賃貸にするならドッグランもつくれます。家庭菜園のスペースをつくれば地方ならではのライフスタイルに合わせることもできます。言うなれば、地方ならではの再生、あなたのアイデアひとつで賃料アップの最高の物件に仕上げる楽しさが加わるのです。

■駐車スペース再生事例② 福島県会津若松市居合町《いあわせまち》物件

DATA
築年数：51年　販売時：700万円／購入時：200万円
工事費：230万円　家賃：6万円／利回り：16・7％

物件の近くには、会津若松市最大の会津中央病院があり、約1500人の方が働いています。周辺には寮やアパートもたくさんあり、戸建賃貸を求めている人がいるはずだと思っていました。市街地にも近く、団地の中にあるので環境も整っていました。

建物は築51年と古いものでしたが、サッシなどは交換されていて二重ガラスになっていました。しかし、1つだけ問題がありました。車庫の天井が低くてワンボックスカーなどが駐車できないことです。

物件が安く購入できたのは、なかなか買い手が付かなかったことで売り指値が300万円に下がったことと、売主のミスで耐震工事がすんでいなかったことが判明し

駐車スペース再生事例②　福島県会津若松市居合町物件

BEFORE

AFTER

写真提供：高橋古家再生士（福島エリア）

て、さらに下がって200万円になったことです。

オーナーと話し合って、今回のリフォームでは車庫はそのままで貸し出すことにしました。しかし、内覧は頻繁にあったものの結果的に借り手が決まらない状態でした。そこで、借りたいという方々にヒアリングをしてみると、車庫の天井が低いので車が入らない、入りにくいということがわかったのです。

車庫の天井を解体して修繕をした結果、すぐに借り主が決まりました。買い付けのときに想定した通り、病院で働く看護師さんの姉妹が借りてくれました。

ステージングで楽しもう!!

賃貸住宅で「**ステージング**」をしているところは多くありません。ステージングとは、まるでモデルルームのように部屋を演出することで、入居を考えている人に「ここに住みたい」と思ってもらう仕掛けと言っていいでしょう。

このステージングは賃貸住宅でも少ないのですから、空き家・古家の再生物件でやると

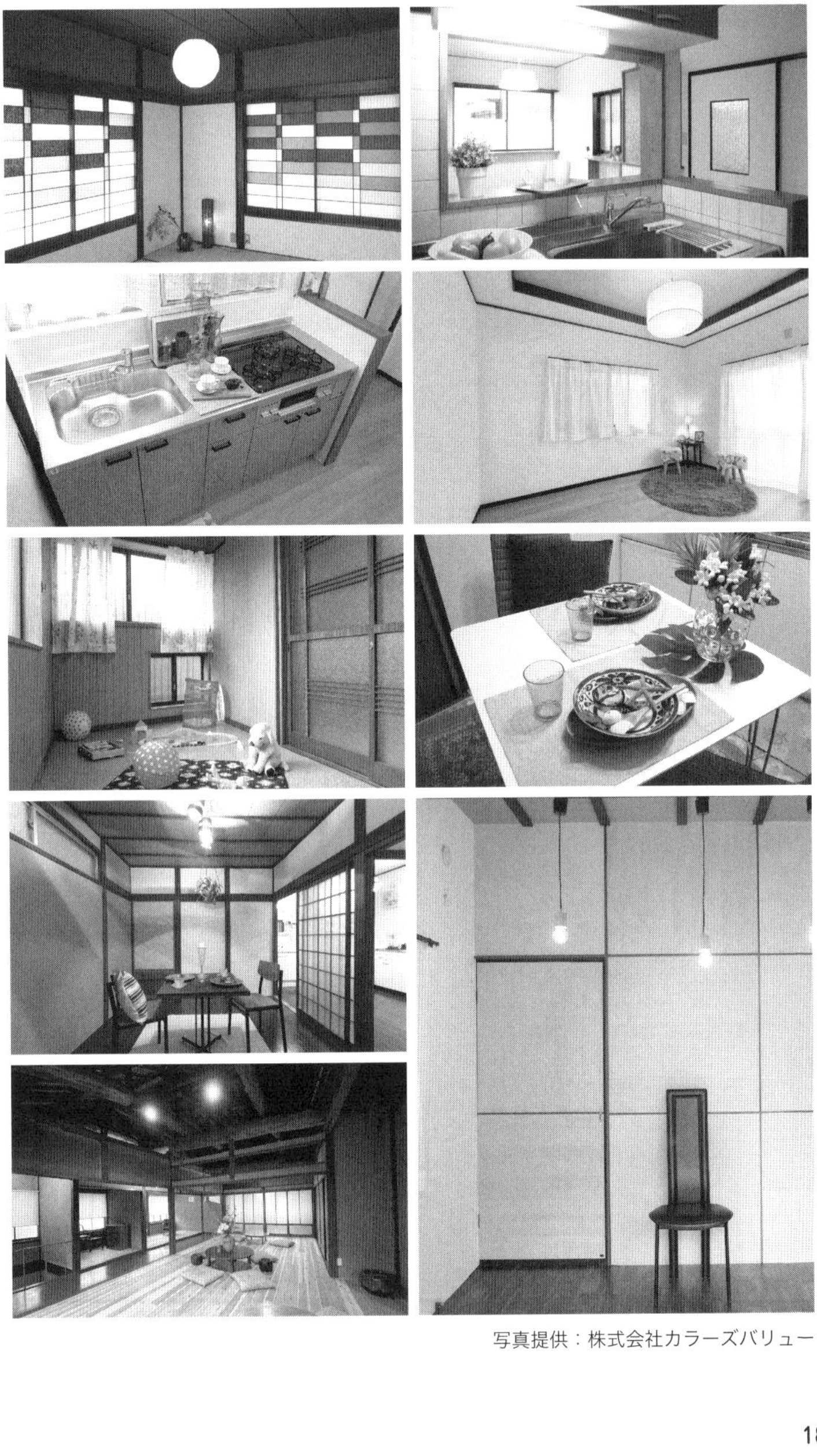

写真提供：株式会社カラーズバリュー

入居希望者が思わず住みたくなってしまうステージング

ころはほとんどないと言っていいでしょう。

しかし、ステージングは入居付けには大きな差別化になります。

現代では、多くの人がインターネットで住居を探します。その際にどれだけ印象を残せるかが大切です。空き家・古家でいうと戸建ならではの良さ、とくに古い良さを引き出すのがステージングの鍵になります。

そして、何よりステージング自体が楽しいのです。リフォームのように責任施工や安全性などの問題はありません。思う存分、物件の魅力を引き出す細工ができます。

たとえば、家族で役割分担するのもいいと思います。実際に、物件の購入は夫の役割、部屋をきれいにしステージングするのは妻の役割というご夫婦がいます。空き家・古家投資に互いの理解が高まれば、夫婦で役割分担して楽しく大家業ができます。

庭は木や雑草をなくし人工芝でスッキリさせる

庭の草や木は、入居が決まると入居者任せになります。キッチリと丁寧に手入れしてく

庭は人工芝できれいに魅せる

写真提供：森下古家再生士（阪南エリア）

れる入居者もいれば、ほったらかしの入居者もいます。庭が荒れ果てても気にしない人もいるわけです。しかし、ひどい場合は近所からのクレームになる場合があります。

そうならないためには、リフォームの時点で草や木を取り除いてしまうことです。ただ取り除くだけだとすぐに雑草が生えるので、そこに「人工芝」を張り詰めます。

砂利やコンクリートなどほかの方法もありますが、見た目と費用対効果を考えると人工芝がいいようです。

上の写真の物件も狙い通り、庭が気に入ったとすぐに入居が決まりました。

地方ならではの慣習。トイレが汲み取り式でも大丈夫

■汲み取り式の再生物件事例　大阪府阪南市箱作《はこつくり》物件

DATA

築年数：53年　購入額：50万円　工事費：498万円（追加工事39万円）
想定家賃：5万5000円（汲み取り式なら通常5万2000円）
家賃：6万6000円（管理費5000円、ペット1匹2000円込み）
表面利回り：13・5％

ここで紹介するのはトイレが汲《く》み取り式の物件事例です。地域の特性でトイレに汲み取りが多く残っているケースがあります。前道にも下水道の本管が来ていないので水栓《すいせん》工事すら難しい状態です。普通の人ならそんな物件は避けてしまいます。

しかし、地域のことがよくわかっていれば、そういった物件でも大丈夫です。

たとえば、坂が多い地域では、「こんな坂では入居者が付かないだろう」というとこ

汲み取り式の再生物件事例　大阪府阪南市箱作物件

BEFORE

AFTER

写真提供：森下古家再生士（阪南エリア）

ろでも、その地域の人であれば慣れていて問題にならない場合があります。

それと同じで、この地域では汲み取り式が普通でした。なので、3000円くらい低い家賃で設定すると問題なく入居者が付くことがわかりました。

そして今回、テストとして強気に家賃を上げて募集した結果、それでも入居者が付きました。しっかりとした調査とリフォームをしたうえ、家賃設定することで、想定以上の利回りになることもあります。

出資金と利回りを計算。15%以上なら高利回り物件と考える

■再生事例　福島県会津若松市和田物件

DATA

築年数：不明　販売時：1400万円／購入時：300万円

工事費：300万円　家賃：7万5000円／利回り：15%

再生事例　福島県会津若松市和田物件

BEFORE

AFTER

写真提供：高橋古家再生士（福島エリア）

この物件は、前の売主が１８００万円で購入したものだったそうで、当時１４００万円で売りに出されていました。たしかに、場所は幹線道路沿いで立地は申し分なく、路線価も９００万円ありました。とはいえ、販売価格が高くてなかなか売れなかったため、安く購入することができました。

工事は、すでに増築されていた部分もあり、台所へは風呂場の脇からしか行けなかったので、奥の和室の壁を抜いて台所とつなげ、ダイニングキッチンに変えました。

２階は洋室だったので、遊び心のある斬新なクロスをポイントで張ってポップな感じに仕上げました。逆に和室は思い切り「和」を強調して、茶室のような雰囲気に仕上げました。その結果、関東から引っ越してきたご夫婦が７万５０００円で借りてくれました。

店舗・事務所・ガレージハウスなど再生物件は広がっていく

■再生事例① 滋賀県大津市滋賀里物件

DATA

築年数：不詳
購入額：356万円／工事費：268万円
確定家賃：7万7000円／利回り：14・8％

Aさんは、滋賀県大津市滋賀里《しがさと》の戸建物件を購入しました。安く買えた理由は裏の家が越境して花壇、ブロック塀が少し敷地に入っていて、再建築できるものの測量が必要になる物件だからでした。測量するとなるとお隣と話をしないといけないということで、時間もお金もかかる状況でした。

再生事例①　滋賀県大津市滋賀里物件

BEFORE

AFTER

写真提供：西尾古家再生士（滋賀エリア）

そこで売主と話し合って、測量なしで現状そのままの引き渡しを了承するからと300万円の値引きに成功、購入を決定しました。

リフォーム後、入居募集開始2日目に希望家賃満額で申し込みいただきました。その方は個人事業主で、住居としてだけではなくハンドメイドで雑貨をつくっている3人チームの共同のアトリエとして貸してほしいとのことでした。

事務所としての使用希望のため、大家は消費税支払い義務が生じます。そのため、管理会社に消費税分についての交渉をしてもらい、その分を家賃アップさせていただきました。

主要駅ではありませんが最寄り駅まで5分ちょっとの物件で、リフォーム費用は268万円、利回りは14・8％になりました。

あとでかかった費用としては、住宅使用ではなかったため火災保険を入り直しました。事務所で使用するなら火災保険は高くなるので家賃を割り増ししたほうがいいというアドバイスを受けたのですが、すでに家賃アップもしていただいているので、保険増額分はオーナー負担にしました。保険金額は年5万円ほどの増額となりました。

ここでアドバイスがあります。こうしたケースの場合、通常の保険加入では入居中にトラブルがあったとき、住居ではないからと保険金が下りないことがあります。そうなると大家のリスクは上がります。ですから、この事例のように利用目的に合わせて保険の変更をするほうがいいと思います。

ただ、入居者が勝手に違う使い方にする場合もまれにあります。その場合は、契約解除や損害賠償請求を行うことになります。驚くような話ですが、以前、埼玉の物件で入居者が個人で勝手に焼肉屋として使っていたことがあります。こういった場合は、保険会社から補償の対象から外される可能性が高いです。火を使う事業か使わない事業かで保険料が変わるからです。さすがにすぐに退去していただきました。

■再生事例②　千葉県八千代市物件

DATA

築年数：50年以上　購入額：280万円／工事額：350万円
想定家賃：5万6000円／確定家賃：8万円／利回り：15・2％

築50年以上のボロボロの戸建です。2階は2部屋で1階が事務所として使われていて、使い道が限られていました。店舗としてはなかなか厳しいし、かといって入り口が

再生事例②　千葉県八千代市物件

BEFORE

AFTER

写真提供：永田古家再生士（船橋エリア）

狭く駐車場として使うには改装費用がかかる物件でした。工事費用をかけたとしても坂の途中ということもあり車の出し入れが良くありません。結局、オーナーであるTさんは、工務店（古家再生士）からのアドバイスで1階をバイクガレージにすることに決めました。結果的にそれがうまくいき、相場家賃よりも2万円以上の家賃アップになりました。

バイクガレージの需要はとても強く、しかも1階が事務所というような物件は売却しにくく、安く購入できる可能性があります。

実はTさんは、奥様を説得して不動産投資を始めたそうです。最初の投資は中古のアパートで、資金は自宅とマイカーを売却して調達したそう。しかし、アパートは入退去のサイクルが速く、DIYで修繕したためオーナー自身が疲れてしまいました。そこで空き家・古家投資に転換、その際に奥様はバイクガレージハウスのイメージを持っていて、物件を見たときは即決だったそうです。

このように、中古の戸建はやりようが多岐にわたります。あなたのアイデアと少しの勇気で投資効率を高めることができます。実はTさんは証券会社に勤めています。そのプロの目から見ても、「空き家・古家投資はリスクが低く、低額から始められるので、私のようなサラリーマンには最適な投資です」と言っていました。

コラム

旅先で出会った風景。この地にかかわる空き家・古家投資の魅力

旅先での出会いはいつも予期せぬ驚きをもたらします。とくに空き家・古家は、そのなかでも独特の魅力を持っています。

その静寂なる存在は、過去の時間を刻み、訪れる者に深い感慨を与えてくれます。海の音が聞こえそうな、古い町の隅に佇《たたず》む1軒の空き家。その古びた窓枠や色あせた壁は、かつての日々の生活を静かに物語っています。その扉を開けると、昔の家具や装飾品が静かに時間の流れを刻み、訪れる者を過去へと誘《いざな》ってくれます。

しかし、こうした町並み、そこに佇む空き家は、ただ過去を感じさせるだけではありません。そこにはもう1つの可能性が秘められています。それは、空き家・古家の再生を通じて新しい世界を創造できることです。

空き家・古家再生は、単に古い建物を修復すること以上の意味を持っています。そ

れは、新しいコミュニティーの形成、文化的交流の場の創出、さらには持続可能な生活様式への移行を促す契機となるのです。つまり、空き家・古家を眠らせることなく活用することで、地域の活性化に貢献し、新たな社会的価値を生み出すことができるのです。

地方の空き家・古家をめぐる旅をすることで得られる恩恵は、単なる投資（利回り）ではありません。旅は、日常とは異なる視点から世界を見つめ、新たな発見をする機会でもあるのです。

空き家・古家に隠された可能性を見つけ出し、それを再生させることで、私たちは新しい世界を創造することができます。その1つひとつの試みが、過去と現在、そして未来をつなぐ架け橋となり、私たちの心のアルバムに新しいページを加えていくのです。

空き家・古家再生で新しい世界を創る、そのプロセスは、過去を敬いながらも、新しい時代への一歩を踏み出す旅。それこそが空き家・古家投資の魅力なのです。

第4章

重要！ コストを抑えるリフォームの考え方

アパマンと大きく違う戸建ならではの長所

戸建の一番の長所は、アパート・マンションのように上下左右の音と振動の心配をしなくていいということです。しっかりとしたRCマンションであれば気にしなくていいと言われますが、家賃（同じ面積の場合）を考えると、RCマンションは断然高いので比較になりません。あくまで木造・鉄骨アパートとの比較になります。

上下左右を気にしなくていいメリットとしては、ペットや小さい子どもに気楽に住んでもらえるということです。近年、外国人入居者が多いのもそういった理由でしょう。また、法人（寮としても）や住居以外の使い方にも柔軟に対応できます。まずは、そういった利点を入居者募集するときの「**マイソク**（物件概要、間取り図、地図などがコンパクトにまとめられた資料）」に入れましょう。

マイソクは管理会社や客付け業者とも相談するといいでしょう。ちなみに、ご近所の関係性を大切にしておくと、お隣さんが売却などを検討しているなどの情報がもらえます。

また、共用部分がないのはリフォーム業者としてのメリットもあります。音を気にしなくていいので工事音を気にしないでいいからです。
マンション・アパートであれば、工事をする場合、共用部分の養生、管理組合の確認が必要です。工事の時間がほかで取られ効率が悪くなります。たとえば、マンション工事では、エレベーターの養生《ようじょう》でも1カ月前から管理組合に申請したりする必要があります。養生自体の費用などもかなりかかります。

一方、戸建の場合は、ゴミ出し場所の整備など、大家側も共用部分の管理がいりません。たとえば、エレベーターなどは積み立てをしてメンテナンスや交換の費用にあてますが戸建には必要ありません。

つまり、管理する部分がなく工事もスムーズに進められるので、コスト面でも大きなメリットとなるのです。そのうえで、戸建の長所をどう生かすかを考えていくのです。

空き家・古家投資の利回りが高い理由はリフォーム費用にあり

空き家・古家投資で一番お金がかかるのは、「物件購入」と「リフォーム」です。もちろん、不動産投資で物件購入にお金がかかるのは変わりませんが、とくに空き家・古家の場合、**リフォームをどのように考えてどのように収益を上げるのか**が大事なポイントになります。

リフォーム費用と言っても、実は目に見えるものと見えないものがあります。その両方の金額をトータルで下げることが空き家・古家投資のリフォームの要《かなめ》です。一般の人には、この考え方がありません。しかし非常に重要なところです。

目に見える費用とは「**材料費、工事費、人件費**」などになります。

見えない費用とは「**調査やシミュレーション、将来的なメンテナンス、大家の心理的負担**」など、見積もりには出てこないものです。

まずは、目に見えるものを考えてみましょう。材料費は、どのようなものを安く調達するかになります。しかし、あまり費用ばかり意識しすぎてクオリティーが落ちてしまっては入居付けに苦労します。

工事費は、工務店が出す見積もりになります。もちろん人件費も含めての費用になりますが、工事をどこまでやるのかで金額が大きく変わってきます。ここが空き家・古家再生特有のものです。

建物は築年数・建て方・状態・周辺環境など、1つとして同じものがなく、個別に対応する必要があります。ただし数字として目に見えるので、それで判断すればいいということになります。賃貸市場を知って、そこに求められている仕様に基づいた工事内容にするのです。

クオリティーばかりを追い求めると、住む人のニーズとのずれが発生します。その地域の家賃相場が5万円なら5万円の生活のグレードに合わせたもの、8万円の家賃を取るならこれくらいの設備が必要だと判断する能力が必要です。工務店に「とにかくきれいにしてください」と任せると、ニーズに合わないシステムキッチンなどが入って、ただ高額になるだけです。

次に、目に見えないものを考えてみましょう。このなかで一番大事なのは「**調査**」です。空き家・古家の場合、建物すべてに手をかけることはありません。それでは投資になりません。では、どこまで手をかけるのか、どこをリフォームするのかなどが問題となってきます。

答えは「**家賃相場からリフォームする部分を考える**」です。入居希望の方は部屋を探す場合に家賃をベースに考えます。たとえば、家賃6万円の物件を探すなら競合物件を探して、そのうえで内装や使い勝手などを検討していきます。ですから、まず調査が必要なのです。

同じ家賃帯の競合物件を見てそれに勝てるかどうかです。

競合に勝とうとしてクオリティーを上げすぎると利回りが落ちてしまいます。下げすぎると競合に負けてしまいます。

調査には、ネットで情報を収集する調査と地元の不動産業者へのヒアリング調査とがあります。ネットでは場所・築年数から延床面積など競合になりそうな物件を拾い出します。だいたいの条件をそろえるとＲＣマンションの家賃が高く、次に鉄骨のアパート、一番安いのが木造アパート・木造戸建になります。

もちろん木造戸建てが競合であればわかりやすいのですが、数が少ないのでそれだけでは不十分です。まず木造アパートに勝てるかを見ていきます。さらにもう１つ上の鉄骨アパートに勝てるかも検討していくことになります。

不動産業者へのヒアリングでは、地域の隠れたメリット・デメリットをあぶり出します。そして、想定家賃、想定工事費を算出して想定利回りを出すようにします。

また、将来的なメンテナンスも考えなければなりません。いくら工事費を安くしても入居後にクレームになっては大変です。入居してからの工事は手間がかかりますし、何より入居者に迷惑がかかります。最悪の場合、退去してしまうこともあります。大きなクレームになると解決に半年から1年以上かかる場合もあります。それらの対応の精神的負担はお金に換えられないものがあります。

そもそも大家の仕事とは何でしょうか。工事をすることでしょうか。リフォームのデザインを考えることでしょうか。もちろんそれもあります。でも私は、大きく分けて次の3つだと考えています。

「物件を探すこと」「入居者を付けること」「お金をつくること」——これら以外は重要ではありません。

物件を探すことができなければ、そもそも大家業のスタート地点には立てません。物件を入手するためには、その物件のパワーを把握して購入を決断できる能力が必要です。

次に、物件を購入しただけでは支出しかありません。入居者を付けて家賃を回収しなければなりません。それが売り上げをつくる能力です。最後に資産形成を続けていくためのお金をつくる能力です。言い換えれば、「自分の収入+借入の能力」です。この3つの能力があれば、そのほかはそれぞれの業者に依存してもいいくらいです。

この3つの能力を経営で言うなら、「仕入れ（生産）・営業・資金づくり」です。まさしく大家の仕事は会社経営の根幹にもつながるのです。まずはここを意識しましょう。

地方には空き家・古家に特化したリフォーム業者がほとんどない

新築依存の日本では、戸建の賃貸住宅のことをよくわかっている工事業者は少ないのが現状です。全古協が認定している「**古家再生士**」は、そうした問題を解決するために誕生した空き家・古家に特化した専門家集団です。彼らは空き家・古家工事に必要な「**大家業・賃貸不動産業・工事業**」の3つのことをすべて熟知しています。

もしもあなたが、空き家・古家のリフォームをよくわかっていない工事業者に依頼する際には、この3つのことを理解してもらいリフォームを進めていきましょう。

大家業では、利回りや家賃、収益シミュレーションを理解している必要があります。これを工事業者に伝えなければ、よくわからない業者はとにかくきれいにしようとして見積もりが高くなっていきます。どこを直しどこを残すかを理解してもらう必要があります。

賃貸不動産業、工事業では、入居者のニーズや仲介業者の構造を理解する必要があります。あなたが入居者をイメージできていたとしても、工事業者は100%は理解していません。これのどこをどう変えたいのか、どのように変えたいのかを理解してもらう必要があります。

つまり、賃貸住宅向けの工事を提案・施工できる能力が必要となるのです。

そもそも地方では、そういったことをわかっている業者がより少なくなります。戸建の賃貸住宅（貸家）自体が少ないのですから、工事業者が少ないのも当然です。どちらが先かの問題にはなりますが、投資家の立場で見ると先に工事業者が必要です。購入してから探すようでは時間とリスクの引き換えになります。

かといって、物件もないのに工事業者を探すことは難しいはずです。だから私は、「古家再生士」という職業をつくりました。この人たちがいる地域では安心して物件が購入できるからです。古家再生士は、大家業・賃貸不動産業・工事業の3つのノウハウを持ち、一緒に資産形成ができるパートナーとなっています。

第3章では、彼らの再生事例を多く取り上げましたが、それは空き家・古家再生、リフォームも含めて、あなたがイメージできるようになることが大切だからです。あなたが業者とタッグを組んで空き家・古家を再生し、地域に古家再生士のような人たちが増えていくことは、私にとってもうれしいことです。ぜひチャレンジしてみてください。

空き家・古家のリフォームができる業者かどうかを見分ける方法

前項でも説明したように、普通のリフォーム業者では空き家・古家のリフォームはできません。そこで、業者の簡単な判別の仕方をお伝えしましょう。

最初に、**空き家・古家に興味なさそうな業者はアウト**です。電話の対応はいいものの、内見（初めに物件を見ること）のときに興味がないのがわかる業者はダメでしょう。

逆に「こことここはそのままでいきましょう」「ここはしっかりとやらないと後々クレームになります」とか「こんな工事の方法もあります」「過去にはこういったリフォームをしました」という会話ができて、話が盛り上がればお願いする価値があります。

さらにもう1つ、業者を判断する方法があります。物件に指を差して**「この物件の相場家賃はどれくらいですか？」と質問する**のです。その質問に即座に返答できるかどうかで、できる業者かどうかがわかります。

まったく返事ができず「あとで調べます」というのではダメです。「この辺りのこの大きさなら5万円から6万円です。うまくいけば6万5000万円くらいも狙えるかもしれませんよ」というような返事があれば最高です。

そして、その根拠も聞いてください。「この近くで同じような再生をしたけれど7万円の家賃が取れました。でも想定家賃は6万円で計算しておきましょう」というような返答ができれば、その業者は大家業のことがよくわかっています。

リフォームの説明の仕方も大切です。そもそも賃貸物件で大切なリフォームポイントを押さえて、それ以外のものを省く能力が必要だからです。

「ここと ここは塗装で差別化しましょう。この部分は何もしないで清掃だけにしておきます」「外装は修繕だけにして、内装に予算をかけて充実させるほうが家賃に反映されると思いますよ」「この部分は、お金はかかるけれどやっておきましょう。入居後に直すとなると余計な費用がかかる可能性がありますから」などと言える業者なら信頼できます。少なくとも、あなたが利回り（想定家賃）と入居者をイメージするリフォームを、理解してくれる業者が必要だということです。

物件を一緒に見に行って、「これはダメあれもダメ」と言うばかりの業者は見積もり額が上がります。「これではダメだけど、こうしたらまだなんとかなるかも」と言ってくる業者はいい印象を持っていいでしょう。

現場での職人との会話にも気をつけてみましょう。工事を安く抑えたいスタンスで職人と話をすると、「キッチンも使えそうなら使いたいですね」「この設備は高くなりそうだから補強してシート張りでいきましょう」など、オーナー側の立場で提案したり部下に明確に指示する職人は安心です。

工事終了後も大切です。「客付け業者さんはこの辺りの業者を回ればいいですよ」「この客付け業者さんが決めてくれるのが多いです。外さないように」「この辺りの客付け業者さんの相場ＡＤ（広告料）はこれくらいです。敷金ゼロが多く、礼金は1カ月を取れます。この物件だとほかにないと思うので2カ月取ることもできますよ」「管理会社さんは、この会社さんが実績もありよく動いてくれます。お勧めです」といった、アドバイスをしてくれる業者は絶対にいいです。

私の経験上、こういった会話ができる工事業者はほとんどいません。それもそのはず、工事業者にとって空き家・古家のリフォームは大きな儲けが出る仕事ではないからです。

自宅のリフォームは、住んでいる人の予算しだいでいくらでも工事額が上がります。いわゆる上限がありません。しかし、賃貸住宅は違います。**オーナーは収益が出ないリ**

フォーム額ではやりません。適正な家賃相場や利回りがあるので、工事額の上限が決まってしまいます。要は工事業者の儲けの幅が小さいのです。しかも、空き家・古家再生の場合は、もともとの額が大きくないうえに余分な工事も極力しないようにするので、余計に利益が小さいのです。

大手の工事業者なら社員がたくさんいて役割分担で会話がうまい人がいるかもしれません。しかし、大手は賃貸目的の空き家・古家再生は絶対にやりません。固定費が高い大手企業では、ハイグレードのものしかビジネスにならないからです。かといって、小さい会社は大手の下請けです。言われたことをやるだけです。これが私が再三言ってきた建築業界の慣習なのです。

ですから、私は**空き家・古家再生に適した会社は、数人の工務店が最適**だと思っています。一人親方でもかまいません。その方に知識と経験を積んでもらうことによって空き家・古家再生に適したプロになってもらうのです。あなたも育てていく度量が必要です。

数は少ないですがノウハウを持った工務店はあります。ただ、工務店側からいうとそのスキルを認めてもらえるオーナーに出会えていないのです。ぜひ探してあげてください。

リフォーム費用は天井知らず。一般業者は変えたい部分が多いのが常識

外壁にはヒビが入っていて色も落ちているので塗装をする、玄関の靴箱が古いので新調する、キッチンはシステムキッチンを入れる、リビングを白のクロスにしたのでキッチンも合わせてクロスを張り替える、天井もそれに合わせて変える、２階は和室だから全部フローリングに変更する、もちろん壁も天井も……など、空き家・古家の場合、工事するところはいくらでもあります。

大手なら10坪程度の戸建でも１０００万円以上の見積もりが出てきます。ウソかと思う額ですが、実際にその見積もりを見せてもらったことがあります。普通にやろうとすれば、あるいは何も言わなければ高額工事になるのが戸建再生です。つまり、大家側で**リフォームするところとしないところを明確にしなければならない**のです。

たとえば、天井はくすんではいるけれどそのまま使う、玄関ドアは古いがダイノックシートを張って見栄えを良くする、和室は畳をそのままに表替えのみにする……といったように、削れるところは徹底して削ります。

工務店側の立場もわかります。やらない部分があると工事完了後に「なぜここをやらない？」「ここが気になる」と言われます。だったら、そう言われないようリスク回避のために、「ここもあそこも」となっていくのです。また、その摺《す》り合せ（打ち合わせ）に時間がかかります。また途中で変更があれば余計な手間がかかることにもなります。

だからこそ、オーナーに空き家・古家の工事についての知識が必要になってくるのです。逆に言うと、工務店は空き家・古家の大家業の知識が必要です。両者が同じ知識を持ってお互いの信頼関係があれば、この問題は解決します。お互いが相手を尊重しWin-Winを追求することができれば、末永く付き合える最強のパートナーとなるでしょう。

〈専門業者のメリット〉

計画通りのスケジュール（時間ロスがない）、品質安定で入居促進（クレームが少ない、客付け業者が安心）、空き家・古家投資のアドバイザーとして安心（工事以外にも相談できる）、再現性が高い……など。

〈専門業者のデメリット〉

費用が高い（ＤＩＹの場合は労働単価計算なし。業者に利益が入る）、業者選定が難し

い（信頼できる業者かわからない）、エリアが限定される（全国展開している業者がない）
……など。

かけるコスト、賃料、売却代とのバランス……リフォームをどのように考えるか

空き家・古家再生の場合、完成イメージの目線を下げることも必要です。人は自分の立場から考えがちです。「私が住むならこれくらいにしたい……」「私ならこんなふうにしたい……」と自身のイメージで考えてしまいます。

でもちょっと待ってください。その感覚はちゃんと賃貸住宅の視点になっているでしょうか。それは家賃から考えてのことでしょうか。

そうです。ほとんどの人は目線が高くなってしまうのです。

目線を下げて家賃を見つめ直して考えてください。まずは、その家賃での工事を考え、リフォームするところとしないところを明確にするのです。次に、その家賃を上げるにはどうすればいいかを費用対効果を含めて考えるのです。

たとえば、**玄関の色を変えるだけで入居希望者が入った瞬間のイメージが変わります。**外壁の前面だけを塗装して見た目や建物写真のイメージを変えます。３ＤＫだとリビングが小さいので壁をぶち抜き部屋を減らし２ＬＤＫにします。小さい家で脱衣所がないものは壁をつくって脱衣室にします。こうしたリフォームを追加して家賃が上がる方向を考えるのです。

単純にネットなどで値段の比較をしても、安い高いが決まらないのが空き家・古家投資なのです。

たとえば、土壁の場合、クロスより塗装のほうが差別化にもなります。「塗装のほうが安いんでしょ」と言われますが、それは下地の状態によります。壁に穴が空いていたら補修処理が必要なときもあります。それならベニヤにクロスのほうが安いときもあります。ですから、できるだけ多能工がいる業者のほうがさまざまな対応ができるので安くすむのです。そういった職人を抱えているところはいいと思います。

要は目的に対して完成のイメージができているかです。それがなければ必要のないところにお金をかけて高額になっていきます。家賃帯が５万円なら５万円の完成イメージがあり、それに向けて設備や工事内容を具現化していきます。

これはあなた自身でもできます。たくさんの空き家・古家を見ることで、だんだんと「こんな感じのイメージだな」「この家賃帯ならこれくらいの完成イメージだな」とわかるようになっていきます。そのイメージや自身との感性が合う業者でないと、結局のところ「あれもこれも」となり、高くつくことになります。

私はそういった空き家・古家をたくさん見てきましたから間違いありません。

コストを抑えるには中途半端なＤＩＹはやめる

私は初心者の人にはＤＩＹはやってほしくないと思っています。その理由は、結果的にコストが高くつくということです。そうした2つのパターンを説明しましょう。

1つ目のパターンは、**ＤＩＹでリフォームした結果、そのあとのクレームも自分で責任を負わなければならなくなった**、というものです。水道、床などは、あとから何か不具合が出ても工務店に頼めません。どうしてもと頼むと割り増し料金になります。

よくある部品交換の場合でも、普通のプロだときれいなつくりなので交換だけでいけますが、ＤＩＹ後だと余計な手間がかかり、結局高くつくことになります。

もう1つのパターンは、**ＤＩＹをしたけれど思うより大変で手間と時間がかかってしまった**、というものです。仕上げがどうしてもきれいにできないでやり直しが増えて材料費が増える、自分の仕事も忙しくなり思ったように時間が取れないというパターンです。

結果、プライベートもなくなり精神的にしんどくなって途中で断念。私はこんなパターンをたくさん見てきました。空き家・古家情報をもらって見に行くと、明らかにＤＩＹの痕跡があり、作業も途中でほったらかしになったんだろうと想像がつきます。こんな物件は売りに出しても値段が下がります。

正直、リフォームにかかわらず、どの仕事でも知らないアルバイトの仕事を引き継ぐことになったら嫌ですよね。工事業者も同じです。ＤＩＹのあとの仕事を断る業者もいるくらいです。ですから、気持ちの問題だけでなく実質的にも高くつくことになるのです。

たとえば、残り50％の仕事だとしてもあとの50％の料金ですむことはありません。段取り的に20～30％はさかのぼっての作業になるため70～80％の料金がかかります。

最終的な仕上がりが悪かったら工事業者の責任になるため、ＤＩＹの箇所をやり直すことも多くなります。

また、ＤＩＹ後の物件は管理会社が受けてくれない場合もあります。空き家・古家というだけで嫌がる管理会社もいるのに、入居中のクレーム率が高いＤＩＹ物件だと余計に手間がかかり大変になると考えるからです。

クレームになるだろう箇所を管理会社が見て、「何とか水道を直してほしいと、うちのお抱えの工務店に来てもらったけど、その工務店からこれはやりたくないと言われましてね。さすがに水道を直してくれないと管理できません」など、管理会社からすると入居後にトラブルが出ることがわかっている物件をわざわざ受ける必要性がないのです。

サラリーマン大家や初心者の投資家にとっては、職人を探す時間と作業中、運用中の心労コストを考えても、ＤＩＹは負担が大きいと思います。

運用中の心労コストでは、客付け業者（賃貸不動産業者）からも嫌がられます。

管理会社の理由と同じです。あとからクレームの嵐になると自分の仕事ができなくなるので、できるだけ避けるようにします。逆に、いつもきっちりとしたリフォームをしていて、何かあったときでも対応してくれる物件（大家）なら優先的に入居希望者を連れて行きたくなります。

もちろんプロ並みの腕で、時間もあって、のちの責任や対応も取れる人なら問題ありません。自分の人件費さえ考えなければ安くつくのは当然です。

経験からわかった ＤＩＹのメリット・デメリット

空き家・古家再生工事でＤＩＹという選択肢はたしかにあります。これはメリット・デメリットを理解して正しく使うことが大切です。もちろんＤＩＹにもメリットがあります。

1　材料費のみなので圧倒的に安くつく

最近はホームセンターでプロ仕様のものが売っていたり、インターネットで低価格な材料が手に入ったりします。施工方法もYouTubeなどでたくさん出てきています。なかにはプロ顔負けの方もいます。

2　デザインの自由度

業者に依頼する場合は、どうしても相手に伝えることが難しかったり、相手のセンスが問題になったりします。その点、自分で材料購入から施工をするのですから、自分の思い通りにデザインできます。デザイン力に自信があるなら究極の差別化ができるかもしれません。

3　達成感がある

ＤＩＹにかぎらず自分でやり切った達成感は何ものにも代えられません。とくに計画的にＤＩＹをできる人は、徐々に完成していく様子も実感できるので、やる気が増します。ただ燃え尽き症候群にならないように注意しましょう。

4　知識が増える（ノウハウが手に入る）

自分で実際にやることで材料のことはもちろん、さまざまなノウハウが手に入ります。そのノウハウや知識は今後、業者に依頼するときにも使えます。大工や施工業者の心理もわかります。業者に依頼する場合にどのように依頼すれば仕事がやりやすくなるかを考えることで工事費用も安くなり、工事業者と長期的に良い関係を維持できるようになります。

先ほどは、業者とのやり取りにおけるデメリットを述べましたが、ＤＩＹそのもののデメリットも挙げてみます。

1　安全性への懸念

貸家は人に住んでいただくところです。いくら古家といっても、入居者の安全にかかわるので絶対に基準を守らなければならない箇所があります。業者はそのためのプロです。

2　品質のばらつき

ＤＩＹといっても千差万別で、品質にものすごい差があります。趣味レベルを超えた素晴らしいものもありますが、それはほんの一部で、ほとんどは技術がなく見よう見まねです。とくに水回りや床下など見えない部分のクレームが多いと管理会社から聞きます。

3　時間のロス

自分がやるべきことを考えて任せるところと自分しかできないところを明確にし、効率的に考えなければ時間ばかり取られてしまいます。副業として空き家・古家投資を始めるなら、本業に支障のないようにしたいものです。

4　工具や備品にお金がかかる

プロとアマチュアの大きな違いの1つです。時間効率と仕上がりが変わるので道具は大事です。DIYをする人は作業頻度が多くないため高価な道具を購入するのはもったいないです。

5　保証がない

プロに頼むと明らかな施工不良であれば必ず修繕してくれますが、DIYでは当然自分で修繕しなければなりませんし、修繕だけ業者に頼むのも難しく、相当割高になります。

6　あとからの費用がかかる

入居が決まったあとでの修理は大変な時間がかかり、お金と精神的にもダメージがあります。これは前にもお伝えした通りです。

以上、DIYのメリット・デメリットを挙げましたが、やはりどう考えてもデメリットのほうが大きいように感じます。

コラム

DIYで失敗!? 残りの仕上げを断った決定的な理由

ある30代前半の男性が、安いテラス付きの物件を購入して自分でDIYをしたけれど途中で断念。放っておくわけにもいかず、私のところへ再生の相談がありました。

物件を見に行くと工事は途中で止まっています。

砂壁の上にクロスが張ってありました。これは「直張り」と言って、費用は安くは付きますが、あとからクロスが剥《は》がれてきます。床を歩くと傾きが感じられました。床のレベルを合わせる技術がなく「これくらいだったらいけるだろう」という判断だったようです。浴室の扉は外開きになっています。これではドアを開けるたびに水滴が部屋に落ちてきます。2階に上がりベランダを見ると、何とそのままでした。ここは防水工事をしておかなければ必ず雨漏りの原因になります。

それにしてもひどい物件です。彼に話を聞くと、次のような答えが返ってきました。「ネットで調べたら150万円で安く出ていたんですよ。すぐに買わないと売れてしまうと思い買い付けを入れました。家賃は最低でも3万5000円で貸せるだろうと試算しました。書店で買った本のなかに、『古家を安く購入し、工事をDIYで安く仕上げて生活保護者の方に安く貸せば、大きな収益になる』と書いてありました。それで、その本の通りにやろうとしたんです。結果、仕事が忙しくなり1年が経ってしまいました……」

彼からは残りの仕上げをやってほしい、そして早く貸し出したいということでした。

私はその場でお断りをしました。なぜなら、その人から入居者に対する思いがまったく感じられなかったからです。もちろん投資だから収益は大切です。しかし、ビジネスだとしても入居者はお客様です。入居者に満足してもらうことが本質です。生活保護者と言えども選択の自由はありますし、家賃が安ければどこでもいいということはありません。

このような人は、うまくお客が付くと高い利回りを自慢したりします。入居者を下に見たり工事業者を使い走りのようにしたりします。ビジネスだからそれが普通だと思う人もいるかもしれませんが、このような話を聞くと、とても残念な気持ちになります。

第5章

実践！
コストを抑えたリフォーム術

リフォーム費用を抑えるために1つひとつ確認作業をする

空き家・古家再生でのリフォームのポイントは、手をかけるところと手をかけないところを判断することです。たとえば、壁・天井の仕上げは物件によってはなし、電気容量のチェックは必須（ブレーカーのチェック）、ベランダの防水もマストなどです。

家が大きいと内装にお金がかかるので重要度の低い部屋は内装をリフォームをしない、入居者が一番気にかける玄関、キッチン、水回りを含む部屋の内装はしっかりやる、部屋の重要度によって予算を変える、部屋によって作業量を変えるなど、こまかにチェックしていきます。

こういったたくさんある項目を漏れなくするために、「**チェック表**」をつくって管理しないといけません。私はアプリでシステムをつくりiPadを使って現場で確認できるようにしています（空き家再生見積システム）。現場に行って30分ほどかけて入力すれば、その場で見積もりが出てくるようになっています。やはり人気物件はスピード勝負になるため、リフォーム費用をいち早く算出することが重要です。

業者に見積もりを出してもらう場合も、少なくとも、リフォームが必要なところとあまりお金をかけないところを判断して、見積もりを早く出してもらうようにしましょう。そして、想定家賃、利回りから投資対象になるよう逆算し、さらにどこにお金をかけ、どこを節約するかを詰めていくのです。

あくまでも、絶対にリフォームが必要な箇所の選択をし、想定家賃、利回りからの視点と再生したあとのイメージ（入居者視点）から考えるのです。

空き家・古家リフォームのポイントは リビングの工夫

現代の生活様式はリビングとキッチンを合わせたＬＤＫです。とくに戸建の賃貸を希望するファミリー層は２階は寝室や子ども部屋にするので変える必要は生じないのですが、リビングはゆったりさせたい入居者は多くいます。しかし、古家は台所と居間というように仕切られた物件が多く、ここを１つにしてしまうのがリフォームの工夫になります。

さらに、人気のカウンターキッチンで部屋力をアップし、しかも安価なキッチン設備で予算を抑えます。実際にどのようにリフォームを手がけているかを見てみましょう。

■再生事例① 埼玉県春日部市東中野物件

DATA

築年数：46年　販売時：400万円／購入時：340万円
工事費：380万円　想定家賃：7万円／確定家賃：7万5000円
利回り：12・5％

■再生事例② 東京都八王子市川口町物件

DATA

築年数：43年　販売時：890万円／購入時：700万円
工事費：447万円　確定家賃：10万円／利回り：10・5％

（228～229ページ参照）

コストを極限まで抑えるなら ハウスクリーニングで

自分でハウスクリーニングをすれば安全に予算は抑えられます。ただし、ハウスクリーニングのクオリティーを下げると即、入居者の反応が落ちてしまいます。

そこでハウスクリーニングのポイントを北九州エリアの中村古家再生士に聞いてみました。

＊＊＊＊＊＊

北九州エリアを担当している中村です。私どもでハウスクリーニングをしているポイントは6つあります。

もしこのコストを抑えたいならご自身でやることも可能です。ただ、コストを抑えるとは言っても、入居付けの際には入居者が判断を決める最後の部分になるので、徹底的に掃除してください。

再生事例①　埼玉県春日部市東中野物件

BEFORE

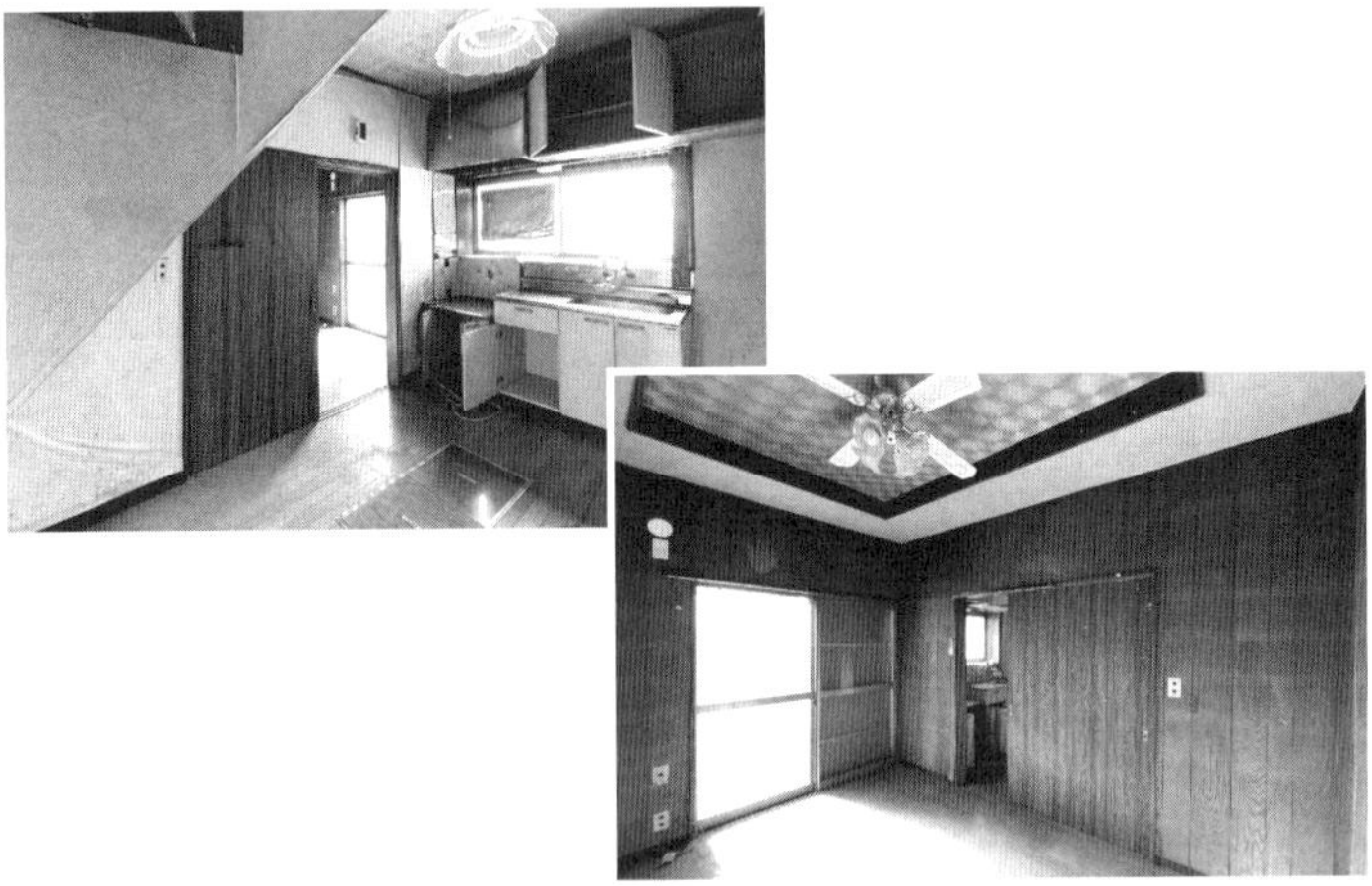

AFTER

LDK 化で広々としたリビングに変更

写真提供：永田古家再生士（春日部エリア）

再生事例②　東京都八王子市川口町物件

BEFORE

AFTER

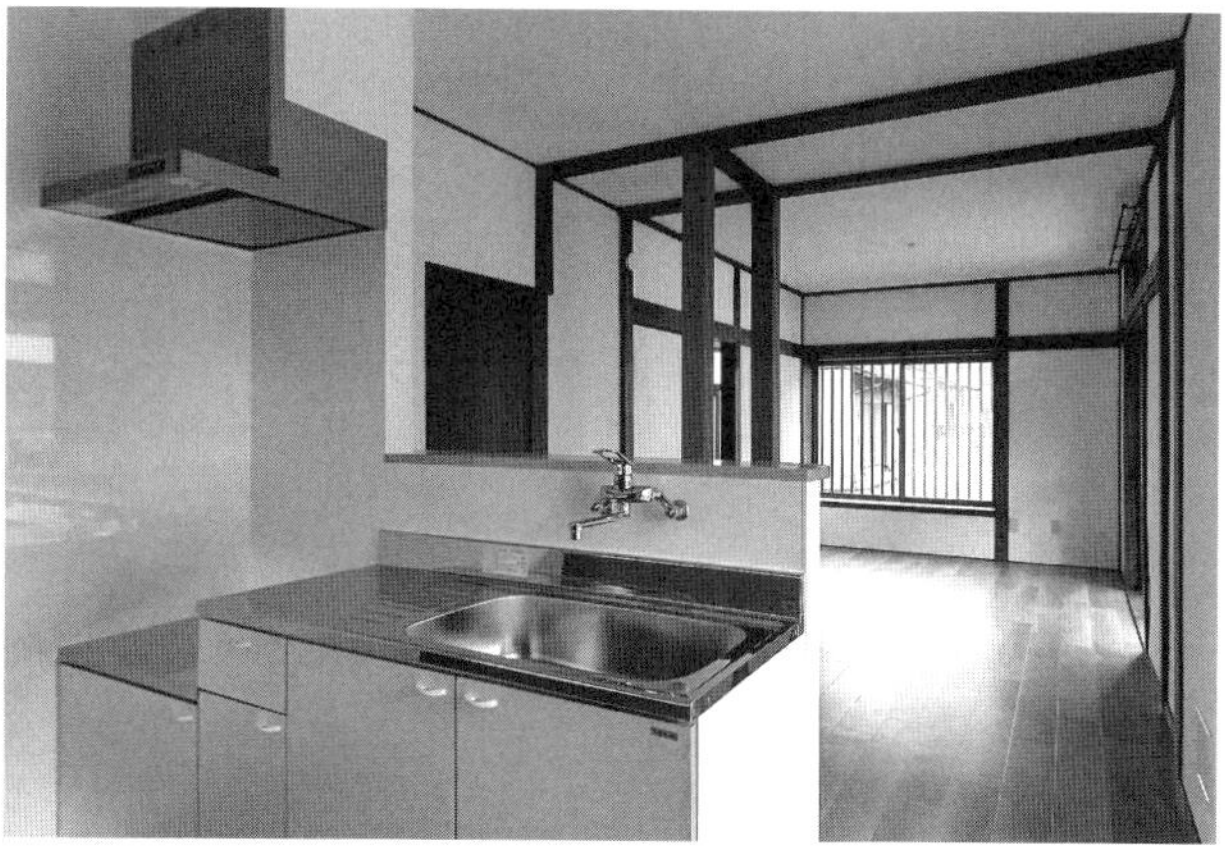

カウンターをつくってカウンターキッチンに

写真提供：永田古家再生士（八王子エリア）

1 退去後の部屋の掃除

一番大事なのは掃除機がけです。戸建なら1~2時間かけて柱、壁、押入れの中、棚の引出しの中、床、幅木など隅から隅まで掃除機をかけることです。これが済んでしまえばハウスクリーニングの半分は終わりです。

2 風呂の掃除

風呂の汚れは3種類あります。油脂と石鹸カスとカビです。油脂はアルカリ系洗剤、石鹸カスは酸性系洗剤で掃除します。白くなっているのは石鹸カスです。カビ取りはカビ取り洗剤であれば何系でもかまいません。カビ取りは水をかけた後に散布すると薄まってしまうので、乾いた状態で洗剤を振りかけるのがポイントです。

3 換気扇の掃除

換気扇は油汚れがやっかいです。掃除にはアルカリ洗剤を使用します。ひどく汚れている場合は、強アルカリ洗剤を使えば取れます。お湯を使うのも効果的です。

4 ガラス掃除

ガラス掃除で手間がかかるのはレールです。ホースを引っ張って水をかけながらブラシで洗うのが理想ですが、不可能であればハケでゴシゴシしながら掃除機で吸い取りましょう。ガラス自体は濡れ雑巾と乾いた雑巾の２枚を用意し、濡れ雑巾で汚れを拭き取り、そのあとに乾いた雑巾で拭き上げて仕上げてください。

5 トイレ掃除

トイレはきれいなほど印象が良くなります。便座は濡らした柔らかい布で拭いてください。何もつけなくてもだいたい取れます。

便器は、何の洗剤を使ってもいいですが、ポイントは便器に溜《た》まった水をシュポシュポ（ラバーカップ）を使って水を取り出してから洗剤をまんべんなく塗ることです。こびり付いたものがあれば軽石で擦って取り除きます。よほど強くしなければ傷は付きません。

6 床磨き

フローリングの床の汚れは油や泥ですからアルカリ洗剤がいいでしょう。畳は水拭きで大丈夫です。

以上、私たちが普段やっているハウスクリーニングですが、掃除をするうえでの注意点があります。

- 作業は、上から下、奥から手前が基本です。遠目から掃除すれば退去時に汚れることがありません。
- 万能洗剤は中途半端と心得てください。油はアルカリ、カビは酸性か塩素系かアルカリ、石鹸カスは酸性です。塩素と酸性を混ぜてはいけませんので気をつけてください。
- 汚れを取るには水拭きが基本。ダメならスクレイパーで削るかメラニンスポンジで擦ってみてください。それでダメなら洗剤です。

空き家・古家再生に必要だった「古家再生士」という職業

あなたは、戸建を賃貸として再生しようと思ったときに誰に相談しますか。

この問いに私は長い間、答えを出すことができませんでした。まず、不動産ですから不動産業者へ相談します。しかし、彼らは主に不動産仲介のプロであって、建築・リフォームの専門ではありません。売りたい人や貸したい人と買いたい人や借りたい人をマッチングする業種です。

しかもアパート・マンションと比較して圧倒的に戸建賃貸の事例は少なく、実際には手間がかかり儲からないので積極的ではないというのは前にも述べた通りです。

次に工務店・建築会社です。日本の建築業界自体が新築依存の体質です。中古住宅を扱っている工務店は実は少ないのです。そのうえ、戸建賃貸自体が少ないので専門の業者がほとんどないのが実情です。それに戸建の賃貸住宅になると比較的小規模なものになります。これもまた建築会社にとっては儲からないのです。

なぜ儲からないのか。建築業界のしくみは完全なピラミッド型だからです。建築業界は大手（ゼネコン）が受注し、実際の施工は下請け企業がやります。小規模な工事はピラミッドの最下層の仕事になります。いくつもの中抜き業者がいて最後に小さな工務店や職人や大工、現場作業者に流れていきます。

現場まで下りてきたときには、利益は吸い取られ雀の涙ほどになっています。やりがいなどこれっぽっちもありません。それでも小さな工務店は安定した仕事を受注するべく必死に働きます。このしくみが確立されて長い年月とともに業界全体の思考回路が固まってしまいました。

そんななか、私が考えたのが新しい職業としての空き家・古家再生専門業者をつくるということでした。

私たち投資家は、空き家・古家の再生を優れたコストパフォーマンスで行い、しっかりと入居者付けができ、リフォームができる業者が必要です。いっぽうで、ピラミッドの最下層の建築関連の人たちは、下請けではなく適切な利益で安定した受注ができるようになりたいと望んでいます。

私のアイデアは、その双方をマッチングさせることでした。しかし、すぐに壁にぶち当たりました。建築業者が安定した受注ができるように仕事を出し続けることができない。私ひとりの力では大した力にはなりませんでした。

そして、受注する側の小さな工務店や職人にもそのノウハウがないということでした。下請け業に慣れた業者は、言われたことをきっちりとやる能力はあります。しかし、私たちが行う空き家・古家の工事は1つとして同じものがありません。決まったマニュアルや図面がなくて、家賃や入居者のニーズからどこまで工事するかをそのつど決めるのです。

投資家から見ると、想定家賃、利回り、入居者のことをよく理解していて、一緒になって再生工事を行ってくれる業者を求めています。工事業者から見ると、適正な価格で直接お客様から安定して仕事をもらえること、そして、お客様に喜んでもらえることを求めています。

この2つを実現するためには、まずは安定した仕事を提供できる規模が必要でした。さらに共通認識も必要でした。決められたものがないので、図面やマニュアルではない共通認識がないと、もめごとにつながります。そのためには共に成長できる〝教育〟しかありません。

このマッチングの一番のポイントはお互いが勉強することだったのです。お互いが同じ目的のもとで勉強しノウハウをシェアしてパートナーとなることです。

ですから、工事業者は投資家、大家以上に賃貸不動産業を勉強し、空き家・古家工事のノウハウを持っていなければなりません。しかも、施主である投資家、大家の心理状況も理解して適切なアドバイスもできるように日々勉強してノウハウを蓄積する努力が必要となります。

そうしてできたしくみが、全国各地にパートナーとして誕生した「**古家再生士**」なのです。

空き家・古家再生のすべてを担う古家再生士

この本に登場する事例は、全国各エリアの古家再生士が地域の情報を仕入れ、物件を探し、投資家へ紹介し、買い付け、工事（リフォーム）、客付けすべてを行ったものです。

古家再生士は、全古協が認定している資格ですが、私はむしろ新しい「職業」だと思っています。なぜなら、「大家業・賃貸不動産業・工事業」の3つをトータルサポートできる、これまでにない新しい業種だからです。

この3つのノウハウがあるからこそ、古家再生士は収益になる空き家・古家の情報を収集することができます。もう少し具体的に言うと、「**物件の調査・情報収集→物件購入に関するアドバイス→空き家の良さを引き出すリフォーム→客付けに関するアドバイス→管理に対するアドバイス・フォロー**」です。

そして、この業種は大きな儲けにはなりません。利回りが下がらないようにするため工事額には上限があります。そのうえ、収益になる物件を探すのに日々たくさんの情報収集・現地調査・収益シミュレーションをしなければなりません。だから小規模な会社や個人でしか成り立たない業種です。

ただ、それ以上に得られるものがあります。それは**「ありがとう」の言葉**です。建築業界の下請け業では絶対にもらえない感謝の言葉をいただけるのです。つまり、お客様と一緒に喜べる仕事なのです。むろん競争もあります。空き家・古家物件見学ツアーを魅力あるエンターテインメントにして参加者を増やすことも必要です。

人気ツアーは募集後すぐに満席になります。それぞれに工夫し「良い物件紹介・楽しいツアー・勉強できる内容」など人気ツアーにする努力をしなければなりません。ゆえに古家再生士同士が切磋琢磨《せっさたくま》もしています。毎月会議を行い。ほかの古家再生士の情報をシェアし指摘・改善をしています。

古家再生士は、工事後のことまで考えます。長い間空き家になっている物件は近隣に迷惑になっていることがあります。植栽も生え放題ですし、木が伸び放題で枝が越境し、落ち葉で配管が詰まって町内会で掃除しているという状態もあります。

そんな物件を購入すると、町内のこれまでのストレスが購入者に行く場合があります。古家再生士は工事期間で近隣の方々とのコミュニケーションを取ります。「これからいい人に住んでもらって手入れが行き届くので、いままでのようにはならないと思いますよ」

国土交通省第１回不動産アワード優秀賞

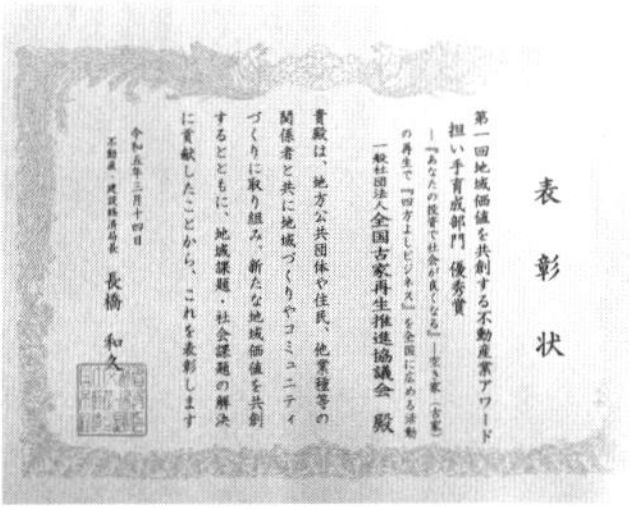

表彰状

第一回地域価値を共創する不動産業アワード
担い手育成部門　優秀賞
―『あなたの投資で社会が良くなる』―空き家（古家）の再生で『四方よしビジネス』を全国に広める活動
一般社団法人全国古家再生推進協議会　殿

貴殿は、地方公共団体や住民、他業種等の関係者と共に地域づくりやコミュニティづくりに取り組み、新たな地域価値を共創するとともに、地域課題・社会課題の解決に貢献したことから、これを表彰します

令和五年三月十四日
不動産・建設経済局長　長橋　和久

「担い手育成部門」（2022 年）
表彰式（写真中央が著者）

などと丁寧に説明し、逆に喜んでもらえたりします。

入居者募集でも力になります。物件を収集する際にたくさんの情報を得ているので、客付けの提供ができます。また、エリアに特化して活動をしているので、そのエリアに強い客付け業者のこともよく知っています。

管理会社についても同じです。その地域の適切な管理会社を知っています。客付けするためのさまざまアドバイスもできるのが古家再生士です。

こうした活動が国にも認められ、国土交通省第１回不動産アワード優秀賞（担い手育成部門）を受賞しました。

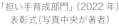

空き家・古家再生から生まれたプロ集団「古家再生士」

古家再生士(我々)の定義

- 我々はお客様の「投資」を応援しているわけではなく「起業(古家再生賃貸事業)」を応援している。
- 我々はお客様の「金儲け」を応援しているわけではなく「自立」を応援している。
- 我々はお客様に「リフォームのノウハウ」を提供しているのではなく「地域再生の機会」を提供している。
- 我々の機能的価値は、古家再生事業の実現手段の提供。
- 我々の情緒的価値は、人生に「誇り」を持てる場の提供。
- 我々のメインターゲットは「将来を本気で考え自立したいと考えているお客さま」。

さまざまな工夫が凝らされた古家再生士のプロフェッショナルな技

それでは、古家再生士が実際にどのような仕事をしているのかを紹介しましょう。

＊　＊　＊　＊　＊

奈良エリアで古家再生士をしている岡と申します。奈良は大阪近郊の通勤圏ですが、地方の空き家・古家再生と非常に類似性があって面白いエリアです。

古家再生士の仕事は、投資家の方へ物件の紹介から客付けまでワンストップで行います。

もちろん、投資家の方にとってリフォーム費用は利回りに大きく影響してきますので、古家再生士としては、どこをリフォームし、どこをリフォームしないかを見極めることが大事になってきます。

私の場合は、物件の外装からチェックしていきます。まず屋根の部分を見て壊れた箇所がないか、瓦は飛んでいないか、アンテナが折れていないか、雨どいが壊れていないかなどを見ます。そのあとで外壁を見て、コーキングが必要な箇所はないかなど目視していきます。感覚的なものもありますが、これで家の外回りは終了です。

あとは実際に家の中に入っていくわけですが、そこは入って順番に見ていきます。玄関から入って、その先に部屋があれば部屋、手前にトイレがあればトイレと順番に見て、キッチンの水回りなどが原状回復ですむのかリフォームが必要かを見分けていきます。

ある物件の例で言うと、リフォーム前は綿壁と板敷の普通のフローリング土間でしたが、住む人のニーズに合わせて壁は外壁塗装材、土間はベージュのクロスに張り替えました。

2階の各部屋は昔ながらの古い感じの襖にクロスをかけ、壁は光触媒のカラーペイントで塗り替えました。あとは畳を表替えしただけで、部屋自体を変えることはありませんでした。

その点、1階はリフォームを検討することが多くなります。古家は台所と居間が分けられていることが多く、LDK化するために壁を取り除いてしまいます。現在では、かなり必須の工程になっています。あとは2階の部屋同様に壁をカラーペイントで塗り替えていくだけです（243ページ写真）。

ただ、どのようなクロスを使うか、どのような塗料を使うかはデザイン性を重視し、住む方をイメージしながらそれぞれに合った材料で仕上げていきます。

奈良は4部屋、5部屋ある建物が多く、私は壁の色に風水を取り入れています。物件の図面を風水の先生に見せて、どの部屋はこの色、別の部屋はこの色というように、入居者に快適に住んでいただけるようにしています。こうしたこともほかの物件との差別化になり、オーナーからも喜ばれています。

次に水回りですが、キッチン台や風呂はそのまま使えるものであれば、新しいものに入れ替えずクリーニングだけで十分な場合もあります。とくに風呂は、昔のままのほうが趣のある古家の良さを生かすことができたりします。

ただ、昔の家には脱衣所がないケースが多く、壁をつくって、簡易でもいいので脱衣所にします。またそこに洗面化粧台を置きます。いまの人は洗面化粧台は必須で、しかも毎日利用する場所なので、ここはお金をかけてシャンプードレッサー付き洗面化粧台を入れます。あとはトイレです。ここもウォシュレット付きトイレ（洋式）を入れるのは必須です。

また古家に多くあるのですが、洗濯機置き場が室外にあったりします。しかし、現代の

古家再生士のさまざまなリフォームの技

壁を抜く前
（リビング側から）

➡

壁を抜いて奥のキッチンが見える
ようにしました（リビング側から）

壁を抜く前
（キッチン側から）

➡

壁を抜いてリビングが見えるように
なりました（キッチン側から）

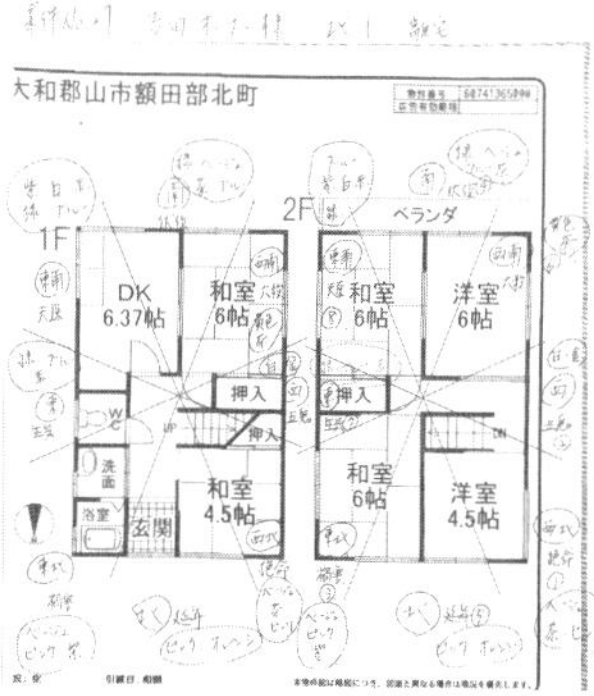

風水を応用して付加価値を付ける

写真提供：岡古家再生士（奈良エリア）

人は夜に洗濯機を回すことも多く、室外にある場合はスペースを探して室内に洗濯機置き場をつくります。ここは水場ですのでリフォームが必要になってきます。

脱衣所、洗面化粧台、トイレ、室内洗濯機置き場の４つは、生活のなかで毎日使う場所でもあります。そういったところにはお金をかけてリフォームしたほうがいいと考えています。入居希望者は自分の生活をイメージしますから、入居動機になるためリフォームする際には気をつかう部分です。

最後に駐車場と庭についてですが、奈良は駐車場は必須です。ただ奈良の場合は1台分の駐車スペースで十分です。そこは大阪通勤圏ということもあると思います。駐車スペースがない場合、頭くらいの高さのブロック塀などは取り除いて駐車場をつくることもあります。現在はブロック塀の必要性もないので、取り除いたあと土地をならしてスペースを確保すればいいだけです。

庭があれば砂利を敷いたり、予算があればセメントを敷きます。

これは奈良の特徴ですが、駅に近い物件だから駐車場がなくてもいいという感じではありません。そもそも駅前は閑散《かんさん》としていて、むしろロードサイドのほうが栄えている地域です。ですから、駐車場は少なくとも1台分は必要です。

駐車場については、各地域で事情が違うと思います。2台分、もしくは3台分あったほうが客付けがいい場合もありますし、そこはご自身で情報を仕入れたほうがいいでしょう。

以上、リフォームを考える際の視点やリフォームの方法をお伝えしましたが、私はこの奈良エリアを担当して7、8年になります。いまでこそ事例が増えましたが、当時はこの地域で空き家・古家再生が可能かどうかわかりませんでした。

でも、私と一緒に開拓してくれた全古協の会員さんがいました。京都で会社経営をしているKさんという方です。Kさんはいまでは戸建20棟以上を所有し、家賃収入だけで悠々暮らしています。

そんなKさんが当時から奈良開拓に協力してくれて、私も古家再生士として成功することができました。Kさんは私が開催する空き家・古家物件見学ツアーに毎回参加してくれて、自身で車も出してくれます。

ツアー後の懇親会では、まだ投資したことのない初心者の人にも失敗談を語ったり、悩み相談に乗ってくれたりします。古家再生士はそうした人たちの背中を押す役割もありますが、Kさんのおかげで私がいつも助けられています。

投資家の方との信頼関係は、何ものにも代えがたいものです。これからも新しい投資家の方々と一緒に、奈良を開拓していきたいと思っています。

古家再生士の技を自身で生かす 7つのポイント

空き家・古家再生ではプロフェッショナルな古家再生士ですが、空き家・古家投資に関して彼らが特殊なのは、本来なら投資家が行う現地調査、物件選び及び紹介もしていることです。つまり、空き家・古家専門のワンオペのシステムを担っているのですが、やはり一番大変なのはその地域で空き家・古家を借りたい人がいるのかという綿密な調査と、実際に投資対象となる物件があるかどうかです。

そこで、投資家にとって役立つ彼らの方法を伝授します。物件をいくらで購入するか、リフォーム代にどれくらいかかるかを投資家は考えがちですが、それらはすべて逆算すればいいだけです。しかし、地域の相場感や住む人がどういった人で、どれくらいの家賃なら借りたいと思うかを知らなければ逆算できないのです。

むしろ地方投資では、こちらのほうが重要なのです。具体的に見ていきましょう。

1 買いたいと思った物件の周辺の賃貸募集物件を5～10軒見てくる

これができれば、不動産業者担当者とのアポイント、現地調査をするうえでたくさんの情報が入ります。まずは、見に行く物件の売り経緯、それにより値下げ交渉できるのかできないのかなどがわかります。

道路付けや再建築可なのか、路線価や融資が出やすいかなどを不動産業者担当者に聞くといいでしょう。客付けのことを聞くのもいいでしょう。「この辺りは意外と人気があるんですよ」「ここは駅から遠くないのですが、あまり人気ないですね」「この場所は、賃貸が少ないのですぐに入居者が付くと思います」と、このような情報が入ればいいですね。

ただ、担当者が売買が得意なのか賃貸が得意なのかで情報の取り方が変わります。ほかの投資家の話を聞いて得手不得手を判断するのもいいかもしれません。ただし、担当者の話を鵜呑《うの》みにするのは厳禁です。たまに資料に記載されているにもかかわらず間違っている情報だったりもします。

単純なミスもありますが、真剣に調査していない場合もあります。しかし、それもたくさんの物件を見ることでわかるようになってきますので大丈夫です。不動産業者担当者の話を聞いて間違いない情報かどうかを判断できるようになれば、それはあなたのスキルが上がってきたということです。

2　近隣で長い期間空いている募集物件のダメな点を考える

賃貸の得意な担当者や物件近くにあるお店などへヒアリングしてみると、「家賃が少し高いから」「駐車場はあるが天井が低いので使いにくい」「学校区が悪い」「このエリアは外からの流入がないから時間がかかる」などと教えてくれます。

これも担当者やお店の個人的な意見になるので、必ず複数の担当者やお店に聞くようにしましょう。ダメな情報なら自分が購入しようとしている物件との比較をしてください。

3　工事中の職人にはお茶の1本でも持ってコミュニケーションを取る

職人さんと仲良くなることはとても大切です。工事そのものをしっかりとしてもらうのはもちろんですが、ほかで行った工事の話を聞いてください。

「以前、同じような間取りの場合は壁を抜き、ＬＤＫ化しましたよ」「あそこは費用をかけずに補修だけしましたが、けっこういい感じに上がりましたよ」「次はこんなことをしたいと思っています」など、うまく聞き出せば多くの提案をもらえます。そのまま採用しなくても次に使えるノウハウになります。

4　挨拶は近隣とのコミュニケーション

近隣への挨拶は買主と工事業者で行くのが理想ですが、第三者の立場で行くほうがいいときもあります。購入前から売主や仲介業者から近隣情報をヒアリングして覚えておいて、工事前に挨拶に行くといい環境をつくれます。

これは購入前、購入後にかかわらず、現地調査でも近隣の人がいたら挨拶しましょう。また工事中に近隣に住む奥様を見かけたときに挨拶をすると、相手から話しかけてきてくれます。そのときはチャンスです。近所の情報のいいことも悪いことも聞くことができます。時には入居者を紹介してくれたりもします。

5　売り物件の数をたくさん見る

これが一番肝心です。空き家・古家再生の専門家は、物件を用意するのにその3倍から5倍の現場を見ています。そのなかで利回りやリスクを考えて紹介する物件を厳選します。常にそこまで見ることは難しいかもしれませんが、見た物件が30軒を超えてくるとかなりポイントがわかってきます。

6 それぞれの立場になって考える

不動産仲介業者と話をするときは、営業マンという相手のポジションを理解しておくことです。仲介業は売って商売になる仕事だからです。賃貸仲介業者は客付けの広告料（AD）がノルマになります。両者ともいかに効率良く成績を残すかがすべてです。そのポジションを理解することです。

工事会社なら工事額が高いほうがうれしいですし、きれいな完成イメージしかないのでハイレベルのリフォームを考えています。

別に担当者は騙そうというのではなく、それぞれのポジションで良かれと思って話しています。そこで言い合いをする必要もないですし、要はどれだけ情報を引き出せるかが大家の力です。

7 買いたい物件の狭い範囲の情報を知る

有名ブロガーや専門化のセミナーではわからない、その地域でしか得られない情報というものがあります。有名な投資家や不動産業者との価格交渉の方法を知っても、その地域で活用できるかは別ものです。

地域に沿った空き家・古家の専門家を探して活用してください。地域の人の流れを知っていて、たとえば自転車で隣の駅に行ったほうが急行が止まって便利だとかいうような、地域の不動産業者だから教えてくれる、地域限定の狭い話のほうが重要です。

コラム

「大家（投資家）、入居者、工事業者、地域」空き家問題解決の四方良しのしくみ

私の好きな本に『7つの習慣』（キングベアー出版）という本があります。この本はアメリカの経営コンサルタント、スティーブン・R・コヴィー氏が書いた自己啓発書です。内容は成功者が実践する7つの習慣を紹介しています。

この本は世界中で4000万部、日本でも240万部の売上部数を誇る大ベストセラーであり、30年以上経っても色あせない、私にとっての人生の指針となっています。

私も常に意識し実践しているつもりですが、その本のなかに「第4の習慣：Win-Winを考える」という項目があります。一文を紹介すると、「長期的・継続的に良い人間関係を築くためにはWin-Winを実現することが重要である」と書いてあります。

まさしく不動産投資は長期的な事業です。不動産事業で継続的に良い情報を得るためには良い人関関係が必要です。Win-Winを実現することが不動産投資の成功につながるのです。私が一般社団法人全国古家再生推進協議会をつくる際にベースとしたのも、このWin-Winの考え方でした。

利回りだけを追求して投資家だけ儲かるしくみではダメだ。入居者も、かかわる業者さん（工事会社も不動産業者）も儲かるしくみにしないといけない。それが結果的に地域に喜ばれる事業になる。協議会を立ち上げたのも、そうした信念からでした。

このWin-Winの考え方は、互いの関係を超えて「四方良し」となりました。四方良しとは、賃貸不動産のなかでは少ない戸建賃貸をたくさんつくり選択肢を増やすことで、入居者が低額の家賃で戸建に住むことができ、メリットを享受できることが1つ目。投資家（大家）は、低額・高利回りの投資商品として不動産投資を始めるハードルが下がることが2つ目。工事業者は下請け業から脱して安定収益と（投資家から）「ありがとう」という言葉をもらえるビジネスになることが3つ目。そして4つ目は、地域の空き家が少しでも減ればそこに住んでいる住民から喜ばれるということです。

この四方良しの精神を持って空き家を減らすことで、持続的な社会を実現し、個人の自立を実現していける人が増えていくのが、私の願いでもあるのです。

第6章

地方で大家になるために知っておきたいこと

空き家・古家再生に行政は協力してくれるのか

よく聞かれる質問に、「空き家バンクってどうなんですか？」というものがあります。

空き家バンクとは、自治体が運営する空き家情報提供サービスのことですが、実際、あまり機能していないと思われます。一部で使われているものもありますが、登録軒数についても微々たるものです。やはり役所の限界があるように思います。

ある地域の行政では、空き家バンクで空き家を預かっても、その情報を渡す不動産業者は一律に順番に出すそうです。得意不得意関係なく選ばれるので、当然成果は出ません。

そのうえ、担当不動産業者に仲介はできません。あくまでもアドバイス止まりです。それでは商売になりませんし、不動産業者のモチベーションは上がりません。

ただ、行政も空き家を何とかしたい思いもあるので、協力してくれるような事例もあります。おそらく信頼できる工事業者と熱い思いが通じることがあるからだと思います。

■再生事例：福島県会津市河東町《かわひがしまち》物件

DATA

築年数：47年　販売時：180万円／購入時：150万円
工事費：500万円　家賃：7万円／利回り：12・9％

物件は会津若松市のはずれ、高台の団地内にあります。冬に雪が降ると急坂のため車では上がれなくなるような場所でした。建物は大きく180㎡もあり工事費がかさみます。そのうえ下水工事に大きな費用がかかることがわかりました。そこを行政にかけ合い交渉し工事費の削減を実現した事例です。

本来なら排水を公共の下水管につなぐ工事は、トイレ、洗面台、風呂、洗濯機、流し台と水回りすべての排水管を公共下水につながなくてはなりません。

現場は、家の周りがほとんどコンクリートで固められていたため、配管を埋めるためには、まずコンクリートを壊して土の中に埋めなくてはなりませんでした。しかも、キッチンや風呂場が、つなげなくてはならない公共の排水桝《ます》から離れた場所にありました。どう頑張っても、工事費に100万円以上かかってしまいます。

オーナーは、どうしてもトイレだけは水洗にしたい意向でした。

そこで考えました。トイレだけを公共の下水につないで、あとの水回りはそのままでいけないかと。水道局にかけ合いやっと許可が下りて、トイレの下水だけを公共桝につなぎ、汲み取り式トイレがめでたく水洗トイレに変わりました。この工事だけで、かなりコストを節約することができました。

工事費はかかりましたが、物件価格が安かったため利回りは12・9％出すことができました。会津の大学生が3人でシェアすることになり7万円で貸し出すことができたのです。

トイレの下水工事

BEFORE

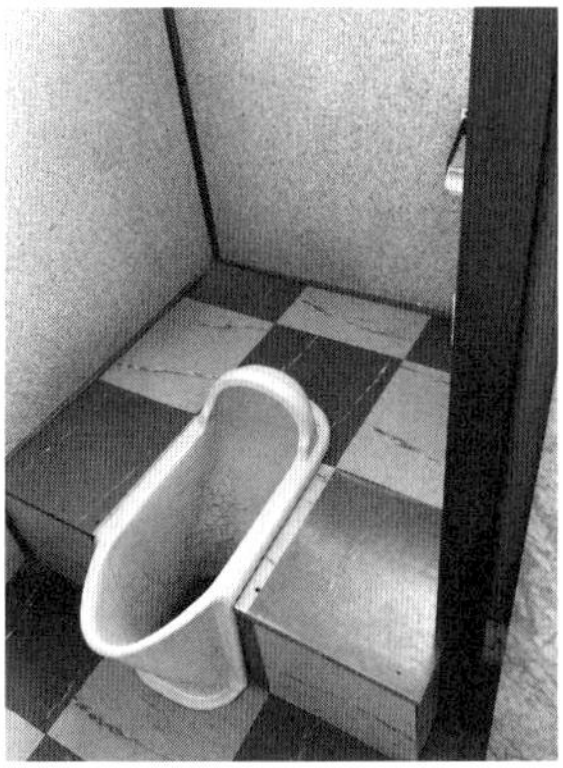

AFTER

下水工事は行政とかけ合ってみる

写真提供：高橋古家再生士（福島エリア）

空き家・古家に必要な「耐震」についての考え方

空き家・古家投資をやるうえで、「耐震」をどう考えるのかはとても大事なところです。

私の考え方は、いまの空き家・古家の現状変更です。所有者に見捨てられた空き家はそのまま朽《く》ちていくしかありません。それを賃貸化することによって空き家を人が住むところにすることが第一目標です。

だからこそ、空き家・古家投資のノウハウを投資家と工務店に提供・教育し、その両者をマッチングするしくみが必要だと思っています。

しかし、ここで問題が発生します。「賃貸物件にするときに耐震工事をするのか」という問題です。もちろん築40年以上のものがほとんどなので旧耐震基準の建物です。しかし耐震工事をすれば最低１５０万円はかかります。その費用を最初から投資家の負担にすれば、ほとんどの人が投資をしません。

ですから、私はこう考えます。投資家が、まだ回収していないうちから先行投資するのには無理がある。それなら10年、15年経って資金に余裕ができた段階（家賃で回収）で改修すればいいのです。もちろん、最初から耐震工事をする人もいます。そこで全古協では、耐震工事に関しては見積もりオプションとして提案しています。投資家の選択肢を増やすことで空き家問題の解決の糸口になるのではと考えています。

投資家も長年所有していると家に愛着が出てきます。すると、しっかりと改修したくなります。将来の資産価値維持を考えても投資をして改修したくなるものです。

耐震工事は、耐震調査に始まり、安価な耐震、補助金対応の耐震など、さまざまなバリエーションがあります。より安価で簡易に耐震強度を上げる方法を模索しています。

私は限られた地域の空き家・古家の問題を解決したいわけではありません。数戸・数十戸のモデル事例をつくっているわけでもありません。本気で全国の空き家・古家を減らしたいと考えているのです。

まったく古家には見えない新耐震物件の再生

空き家・古家投資で一番多いのは築40～50年の物件です。しかし、地域によっては築40

年末満の建物もあります。いわゆる「**新耐震基準**」の建物です。新耐震基準とは、建築確認日が1981年6月1日以降のもので、建築確認において適用されている基準のことを言います。震度6強から震度7程度の地震でも倒壊しない水準であることが、求められる耐震基準です。

新耐震基準の物件は頻繁に出てくるものではありませんが、あきらめずに探していくと見つかるものです。

もし新耐震基準の物件が出たらラッキーです。もしそんな物件に出会ったらということで、奈良エリアの岡古家再生士に新耐震基準の物件事例を紹介していただきます。

＊＊＊＊＊

奈良エリアの岡です。日頃から多くの物件を見ていると、たまに古家とは言えないようなきれいな物件に出会います。そうした物件は、いわゆる新耐震基準物件で、建物自体もきれいなので工事費が安くすむためしっかりと利回りを出すことができます。そのような新耐震基準物件について解説します。

まず新耐震基準物件の見つけ方ですが、改正建築基準法の耐震基準は1981年6月に施行されたので、新耐震基準か旧耐震基準のどちらであるかは建築されたタイミングではなく、建築確認日が１９８１年６月以降か否かで判断します。売買業者へ建築確認済証が受理された日をチェックする必要があります。

新耐震基準のメリットとしては、震度６強から震度７レベルに達するような大規模な地震でも倒壊は免れる構造になっているという安全性です。今回は新耐震基準の２つの事例を紹介します。

■新耐震基準再生事例①　奈良県奈良市南紀寺町《みなみきでらちょう》物件

DATA

築年数：30年
販売時：５３０万円（売り出して１年目で売れず）／購入時：３９０万円
工事費：１８０万円　家賃：６万３０００円／利回り：13・３％

いつもお世話になっている売買専門業者から「売り出して１年経過していて、売れないので査定して金額を出してもらえませんか」と相談があって現地査定へ行きました。

ひと通りリフォームする箇所をチェックし、空き家再生見積システム（２２４ページ参照）を使って、工事費用と想定家賃を割り出しました。

新耐震基準再生事例①　奈良県奈良市南紀寺町物件

BEFORE

AFTER

写真提供：岡古家再生士（奈良エリア）

この物件は築30年とまだ築年数が浅く、リフォーム前は駐車場がなかったのですが、リフォーム後は増築部分だったところを駐車できるスペースにしたので、想定家賃を6万3000円に設定しました。

この想定家賃から利回り13・3％で総額予算を割り出して、総額予算からリフォーム費用の180万円を引いたうえで購入希望価格を390万円で出しました。

売買業者もその金額ならいけるかもしれないとの回答でしたので、390万円で案内させていただいたところ、気にいっていただけたYさんにその金額で購入していただきました。

■ 新耐震基準再生事例② 奈良県奈良市東九条町物件

DATA

築年数：29年

販売時：580万円（居住中に工事見積算出査定）／購入時：480万円

工事費：150万円　家賃：6万3000円／利回り：12％

全古協会員のKさんのもとに不動産販売業者から連絡が入ってきて、まだ売主が居住

新耐震基準再生事例②　奈良県奈良市東九条町物件

BEFORE

AFTER

写真提供：岡古家再生士（奈良エリア）

中だったのですが売却を考えているとのことでした。ただKさんは購入を休止していたので全古協の会員の方へ物件を提供することになりました。

売主が居住中のため内見も1回で済ませたいとの不動産販売業者からの希望でしたので、急きょ臨時物件見学ツアーのイベントを開催させていただきました。当日は平日ということもあり、ツアーには2名が参加、その場でリフォームする箇所をチェックし工事費を算出し想定家賃を割り出しました。

この物件は築29年と築年数が浅く、ハイエースクラスでも駐車できる、大きな駐車場付き物件でした。そこで想定家賃を6万3000円に設定し、利回り12％の総額予算を割り出して、総額予算からリフォーム費用の150万円を引いたうえで購入希望価格を480万円で出しました。

ツアー参加者の2名とも購入希望で、不動産販売業者も売主へ買い付け申込書を提出して交渉は頑張ってきますとのことでしたので、この時点で2名のどちらかに購入権利がある状態でした。そこで公平にじゃんけんで1名を決めました。

その後、不動産販売業者にも頑張っていただいて、480万円で購入できる運びとなりました。

大家業としてプロフェッショナルになるのが成功への最短距離

何度も述べていますが、何もわからず現地に行って物件を見ても非効率です。物件のどこを見ていいのかがわからない状態では得るものが少なくなります。

まずは、不動産業界のこと、物件の見方、購入の仕方、リフォーム、客付け、空き家の特徴などあらかじめ知識を入れておくことが必要です。そのうえで現地に行って物件を見ると的確な質問ができます。あるいは自分のイメージやシミュレーションをつくって、その違いを比べます。いわゆる答え合わせです。

ただ、巷《ちまた》にはわかりやすく実践的な講座がありません。収益の数字ばかりの話が多いのです。体系的に業界の知識や現場に行ったときに使える実践的なノウハウ、なおかつ空き家・古家再生の特徴などを解説したものがありません。そこで、全古協の会員が学んでいる講座（オンライン）から、空き家・古家投資に必要な知識をまとめました。ぜひ知っておいていただきたい学習項目です（２６６～２６７ページ）。

あなたが大家業で成功するためには、正直これだけの知識が必要です。あまりに身につ

- 決済の手続き（決済、物件引渡し、残代金支払い、残代金支払い時に支払うもの、固定資産税の精算の知識、印紙税、所有権移転登記の知識、登記識別情報通知、リフォーム工事の準備、入居募集の準備）

- 賃貸転用（賃貸経営のフローチャート、家賃設定。事例：家賃設定と表面利回り、購入金額における家賃意識）

- 賃貸転用のための基礎知識（敷金、オーナー負担の修繕費、礼金、保証金・権利金、その他の入居条件、仲介業者への手数料・広告料、賃貸仲介業者への広告料の考え方、賃貸契約、普通契約、定期借家契約、借家人賠償保険、家賃滞納保証会社、募集条件例）

- リフォームについて（リフォームと差別化、各事例比較：工事価格差、リフォーム工事の目安、リフォーム工事のコスト低減）

- 賃貸住宅経営（賃貸経営、募集チラシ、情報公開、不動産業者に依頼、業者に大家が直接訪問、内見者対策、見せる演出、内見者に住んだときのことをイメージさせる、モデルルーム化、満室対策）

- 入居申し込みから賃貸契約書、入居申込書、復習：家賃滞納保証会社、家賃滞納保証会社の見つけ方、オーナーチェンジ、賃貸契約書のチェックポイント、口頭約束も特約で明記、賃貸契約完了、賃貸契約の解約

- 不動産管理運営、自主管理、委託管理、管理業務の主なもの、物件・入居者の緊急対応・クレーム対応、事件事故の対応、24時間緊急サポート会社、家賃滞納対策

- ファイナンス（法定耐用年数、日本政策金融公庫、公庫のメリット、公庫のデメリット、公庫を受けるコツ、融資の種類、ＮＧワード、事業目的、古家再生及び不動産賃貸業、公庫の担当者、借り入れ申込書、事業計画書、必要書類、収入証明、公庫融資向きの物件、融資特約、融資向き物件）

- 税務（税務申告、事業開始届、青色申告承認申請書、青色事業専従者給与に関する届出書、領収書の保管、記帳、青色申告の３つのメリット、赤字の繰り延べ、特別控除、専従者給与、不動産所得について、青色申告特別控除、事業的規模、青色事業専従者について）

- ビジネスプラン

大家業を始めるなら学んでおきたい空き家・古家不動産知識

- 古家再生事例、日本の空き家問題、空き家等対策の推進に関する特別措置法、空き家・古家再生の必要性、空き家対策、賃貸住宅に転用、民間資金の活用

- 購入方針の決定と見つけ方（対象とする物件、対象不動産と入居者、住宅確保困難者、古家再生投資のメリット・デメリット、耐震基準、専門家の同行、賃貸住宅転用、再建築不可とは、再建築不可のリスクヘッジ、物件の見つけ方、収益不動産専門サイト、検索設定条件例）

- 物件の選定と検討（チラシの見方の基本、物件種目、中古戸建、テラスハウス（連棟）、再建築不可、最寄駅、交通、賃貸需要、徒歩速度、間取内訳、価格差）

- チラシの見方、登記簿謄本の見方、物件所在地、表題部（土地・建物）、チラシと比較、甲区、所有者の移り変わり、所有権、借地権、乙区、担保、抵当権、共同担保目録、交通、土地、面積、坪と畳、私道負担、セットバック、建物（チラシと謄本表示比較）

- チラシ用語の説明、都市計画・用途地域、都市計画法とは、市街化調整区域、市街化区域、用途地域、建ぺい率、容積率、防火地域、その他の法令、設備（ライフライン）、接道状況、備考、瑕疵担保責任

- 購入の検討（購入のための調査と検討、賃貸需要の判断、見える賃貸経営、家賃相場とサイト、住宅扶助、物件内覧現地調査、リフォーム箇所、予算目安、予備費、購入想定価格）

- 想定した家賃・リフォームから物件購入価格と表面利回り、物件総予算額、表面利回り、総額予算から物件購入価格の決定、逆算、購入の意思表明

- 購入希望価格を前提に安く買う交渉術、売主業者と直接取引、相談員制度、買付申込書、いろいろな呼び方、物件表示、購入金額、指値、公簿取引、その他の条件、現状渡し、正規仲介手数料、備考欄でアピール、購入金額事例

- 購入手続き（契約準備、契約前チェック事項、重要事項説明書、売買契約書案、支払金のチェック、手付金、契約書印紙、登記費用、固定資産税精算、決済金、抵当権設定費用、火災保険等、オーナーチェンジ、売買契約のポイント、特約条項）

けるべき項目が多くて、あきらめようと思ったかもしれません。しかし、項目は多くても、1つひとつは難しいものではありません。

大家業としてプロフェッショナルになるためには、日々勉強しかないと私は思っています。

知識と経験を積めば、すぐに数棟管理できる大家になれる

大家業の特徴は労働集約型ではなく資本集約型だということです。労働集約型の対義語が資本集約型ですが、資本集約型とは、労働力よりも資本設備への依存度が高い産業を意味します。資本集約型のビジネスは設備投資の割合が高くなります。

やりようによっては、大家さん1人で数億円、数十億円の売上規模で経営しています。大家業は古く長く続いている業種なので、さまざまなシステムが提供されています。すべて外注化することで1人でもできてしまうのです。

保険でリスクヘッジもできます。火災保険・地震保険もさることながら、家賃保証など

家賃の損失を補填する保険も多くあります。素人の方でも経営ができてしまう、それが大家業なのです。しかし、ここに落とし穴があります。システム化ができているからこそ依存してしまいます。自ら学ぶことを放棄しすべてをお任せにしてしまうのです。

これが危険です。通常の経営でも同じです。誰かに任せてほったらかしにしていれば売上が悪化します。大きな判断も間違ってしまいます。大家業も経営です。やはり外部にすべて依存しては危険なのです。

ただ、しっかりと知識と経験を積めば、数棟の大家になるのは難しくありません。というのも、やること自体は数が増えても同じだからです。「**物件購入→リフォーム→客付け**」です。これらのことを理解してシステム化すればいくらでも数を増やすことが可能です。だからこそ、最初に基礎を勉強することと初めての経験が大切なのです。

不動産屋とのやり取りやリフォーム工事での問題、入居者とのやり取りなどで想定外のことが起きても悩む必要はありません。必ず対処法はあるし、経験したことがその後に役に立ちます。経験を積むごとにそれらのハードルが下がることがわかります。

そうなれば大家力がついたのも同然です。大家力がつくと物件の購入範囲が広がります。結果的に収益がアップすることにつながるのです。

周辺住民の方から喜ばれる空き家・古家再生を……

自主管理ではないオーナーにとって、近所の方の声はあまり聞ける機会がないのですが、購入された直後に近所に挨拶に行くオーナーもいます。

その人たちのほとんどが、ご近所の方から感謝を伝えられると言います。「やっと誰か住んでくれるんだね。よかった。隣が空き家だと不安でね」「この近所も空き家が増えてきた。1つでも空き家が減ってくれるとありがたい」と。

とくに地方では、信頼していただけると、工事の職人たちに飲み物を提供してくださるなど、親切なご近所さんもいるくらいです。

ただ、前の所有者の問題が降りかかってくることもあります。

「家から飛び出ている木や雑草や落ち葉を町内会で清掃しているのよ」「毎年、夏にはひどい匂いで困っていたんだ」など、前の所有者が何もしなかった問題を指摘される場合があります。そんなときは冷静に、「大丈夫です。きれいにしていい人に住んでもらいますから」と、工事の途中や完成の様子を見せてあげたりするとわかっていただけます。

大事なことは挨拶です。とくに地方の方から見ると、遠くからやって来た見知らぬ人間がよからぬことをするんじゃないかと不安がいっぱいです。

まずは身なりを整えて挨拶をきっちりとすることが大切です。先ほどもお伝えしたように、とくに地方では近所の方からの信頼を得ることが、オーナーにとって大きなパワーになります。誰だって人から喜ばれ、感謝されることはうれしいのですから。

さあ、あなたも空き家・古家地方投資を始めよう。各地域の情報を掲載！

これまで、地方の空き家・古家投資について、その優位性、実際の再生事例、リフォーム術、業者との付き合い方など、大家業にとって必要なことを述べてきました。

地方の空き家・古家投資についてイメージできたでしょうか。すでに空き家・古家投資をしている人は、これからは地方投資へ向かおうと思われたでしょうか。また、これから始めようと興味を持った方は、どこで投資を始めようかと未来のイメージができたでしょうか。

そんな方たちへ、最後に、現在全古協の古家再生士が活動している地方エリアについて地方情報や物件価格、家賃の相場などを掲載します。もちろん、全国にはまだまだたくさんの空き家・古家が眠っています。ここに掲載されていない地域を開拓していただければ、日本が抱える問題の解決につながるばかりか、地方そのものが変わっていくと思います。ぜひともチャレンジしてみてください。

【東北地域の情報】

福島県は過去に東日本大震災に見舞われています。この震災で壊れた住宅はすべて取り壊されました。現在は、この大震災にも耐えた、しっかりとした物件のみが残っていることになります。古家でも躯体《くたい》がしっかりしていれば、まだまだ長持ちします。この地域は車がないと生活ができないくらい移動手段の中心は車になります。ですので、駐車場が重要になってくるエリアです。

物件価格相場：200万～400万円
リフォーム費用相場：300万～500万円
家賃相場：6万～7万円
平均表面利回り：12～15％

宮城県仙台市は、東北地域の経済の中心地として位置づけられており、多くの企業、商業施設、大学が存在します。とくに仙台駅周辺には多くのオフィスビルやショッピングモールが集まり、にぎやかなビジネスエリアです。

物件価格相場：500万～700万円
リフォーム費用相場：300万～500万円
家賃相場：8万～10万円
平均表面利回り：12～15％

宮城県南部は仙台空港が位置しており国内外へのアクセスが便利、かつ仙台市で働く方にとっても利便性の高いエリアとなっています。仙台市ほど栄えてはおらず、どちらかというと田舎暮らしを楽しみたい方向けのエリアです。

物件価格相場：200万～400万円
リフォーム費用相場：300万～500万円
家賃相場：6万～7万円
平均表面利回り：12～15％

【北陸地域の情報】

石川県金沢エリアは、海・山と自然に恵まれた地域でありながら、いっぽうでは県庁所在地として交通網や商工業も発展している北陸有数の都市であり、賃貸需要も高いエリアになっています。

物件価格相場：150万〜200万円
リフォーム費用相場：350万〜450万円
家賃相場：6万〜7万5000円
平均表面利回り：12〜14%

石川県小松市の地域は、リフォームされた戸建の賃貸物件の供給が少なく、かつ入居期間が長いのが特徴です。世界的な建設機械メーカーをはじめとする工場や小松空港・航空自衛隊小松基地があり、外国人労働者も多いなど、さまざまな賃貸需要が見込めます。2024年3月には、北陸新幹線金沢-敦賀間開業を控え、これからますます注目されているエリアです。

物件価格相場：100万〜350万円

リフォーム費用相場：300万〜500万円
家賃相場：6万5000円
平均表面利回り：12〜15%

富山県高岡市は、江戸時代より高岡城を中心とした城下町として栄えた歴史があります。現在では歴史都市に認定されており、古い町並みが多く残っています。建物は比較的大きめな家が多く、社宅として法人利用も多いエリアです。

物件価格相場：50万〜250万円
リフォーム費用相場：350万〜400万円
家賃相場：5万5000〜6万円
平均表面利回り：12〜13%

【関東地方の情報】

埼玉県久喜《くき》市、杉戸町、幸手《さって》市を中心とした**埼玉北部エリア**は、圏央道、東北道に隣接しており物流施設が多くあります。平地で分譲住宅地が多く、賃貸需要が高い印象です。

物件価格相場：200万〜500万円

リフォーム費用相場：250万〜500万円
家賃相場：6万〜8万円
平均表面利回り：10〜12%

埼玉県所沢市、狭山市《さやま》、入間市《いるま》を中心とした**埼玉西部エリア**は、大型ショッピングセンターやアミューズメント施設などもあり、都心から移住する人が近年増加しています。西武新宿線、西武池袋線、JR武蔵野線等都心部へのアクセスは便利なエリアです。

物件価格相場：450万〜600万円
リフォーム費用相場：250万〜400万円
家賃相場：7万〜8万円
平均表面利回り：11〜12%

埼玉県春日部市は、ベッドタウンとして建てられた戸建が多く残り、築40〜50年の物件が流通しています。平地で分譲住宅地が多く賃貸需要が高い印象です。また全古協関東で最も歴史が長く実績の多いエリアです。

物件価格相場：300万〜500万円

リフォーム費用相場：300万〜500万円
家賃相場：6万5000〜9万円
平均表面利回り：10〜12％

千葉県茂原市、大網白里《おおあみしらさと》市、東金《とうがね》市を中心とした**千葉九十九里エリア**は、都内にも通勤圏内で近年都心部から移住する人も多くなっています。比較的築の浅い物件も安く購入できて、広い庭付き住宅など魅力のある物件が多いのが特徴です。

物件価格相場：300万〜500万円
リフォーム費用相場：200万〜400万円
家賃相場：5万5000〜6万5000円
平均表面利回り：10〜12％

千葉県松戸市、柏市、流山市を中心に我孫子《あびこ》市、野田市も含めた**松戸エリア**は、高度成長期に団塊の世代が庭付き戸建を購入した物件が中心です。都心へのアクセスも良く、都内へ通勤する方も多いいっぽうで地域に大小さまざまな企業があり、社宅として使われるケースもあります。ＪＲ常磐線、ＪＲ武蔵野線、東武野田線（アーバンパークライン）、

京成線、北総線、流山線と鉄道網が充実しています。近年物件価格も上昇していますが、家賃も上昇傾向です。

物件価格相場：３００万～６００万円
リフォーム費用相場：１５０万～５００万円
家賃相場：８万～13万円
平均表面利回り：10～13％

千葉県船橋市は、都内へのアクセスも良くファミリー層に人気の町です。都心近郊ながら緑や公園も多く、子どもにとっては恵まれた環境で住宅密集地が多いエリアです。

物件価格相場：３５０万～６００万円
リフォーム費用相場：３００万～５００万円
家賃相場：６万５０００円～８万円
平均表面利回り：10～12％

東京都八王子市は、都心に近接しながらも豊かな自然に囲まれ、住・職が充実したエリアです。21の大学がある学園都市で、各駅前で何でも買える抜群の買い物環境です。全古

協で東京都は初のエリアです。

物件価格相場：500万〜700万円
リフォーム費用相場：300万〜500万円
家賃相場：8万〜13万円
平均表面利回り：10〜12％

神奈川県横浜市を中心に、川崎市を含めた**横浜エリア**です。横浜市は〝住みたい街ランキング1位〟を獲得しており、賃貸需要も非常に高いエリアです。住みたい街に選ばれる魅力は、都心部へのアクセス環境、商業エリアも充実した環境、子育てもしやすくファミリー層も住みやすい子育て支援の充実が挙げられます。

物件価格相場：500万〜1000万円
リフォーム費用相場：300万〜500万円
家賃相場：9万〜12万円
平均表面利回り：10〜12％

神奈川県相模原市、県央エリアを中心に、隣接する東京都町田市を含む**相模原エリア**で

す。相模原市は、政令指定都市に指定されている全国有数の地方都市で、商業地域も充実し、住環境及び自然環境も良好です。横浜及び都心へのアクセスも良く、ファミリー層に人気なエリアとなっています。

物件価格相場：400万〜800万円
リフォーム費用相場：300万〜500万円
家賃相場：8万〜11万円
平均表面利回り：10〜12％

神奈川県横須賀市、藤沢市、茅ヶ崎市などを中心とした**湘南エリア**です。このエリアは賃貸需要が安定しており、海に面した地域であることから独特のライフスタイルを提供できるという魅力があります。なかには家賃10万円を超える物件もあります。

物件価格相場：100万〜600万円
リフォーム費用相場：300万〜600万円
家賃相場：7万〜10万円
平均表面利回り：10〜13・5％

【中部地域の情報】

岐阜県岐阜市、大垣市、また2つの市を中心に近郊の市町村も含めたエリアです。岐阜市・大垣市は名古屋市までのアクセスも良く、地場の働き場所も多いことから幅広い賃貸ニーズが見込めます。また掘り出し物件も出ることがあります。

物件価格相場：150万～400万円
リフォーム費用相場：150万～450万円
家賃相場：5万～7万円
平均表面利回り：11～14％

愛知県豊橋市を中心に東部の東三河までの地域は、名古屋市からは離れますが、東三河エリアは工場など働き場所が多いことから、比較的賃料の取れるエリアになっています。

物件価格相場：350万～600万円
リフォーム費用相場：250万～450万円
家賃相場：6万～8万円
平均表面利回り：11～13％

【関西地方の情報】

京都市山科《やましな》区と滋賀県大津市を中心とした**大津山科エリア**です。山科区はテラスハウスが多く、大津市は戸建が多いという、隣り合った地域でありながらまったく異なる物件に触れることができます。知名度は低いですが、地元の良さを知る全古協の会員の方々から注目されている地域です。

物件価格相場：250万～400万円
リフォーム費用相場：250万～400万円
家賃相場：5万～6万5000円
平均表面利回り：12～13％

奈良県は、奈良市、大和郡山市、生駒《いこま》市、王寺町の**奈良北部エリア**、大和高田市、桜井市の**奈良南部エリア**に分かれます。奈良県は大阪のベッドタウンでもあり、大阪へ通勤する人も多くいるエリアです。奈良県は、公共の整備（電車路線）が少ないため、車での移動のほうが住みやすいエリアになっており、幹線道路サイドにたくさんの商業施設がありますす。駅前はというと閑散とした感じです。車移動なので、道の駅が所どころにあって、多く人が流れて来ています。

物件価格相場：200万〜300万円
リフォーム費用相場：250万〜300万円
家賃相場：5万〜6万円
平均表面利回り：12〜13%

大阪府枚方《ひらかた》市を中心とした**北河内エリア**は、大阪市内にもアクセスしやすく、自然豊かで近畿の住みたいランキングではいつも上位にある人気エリアです。低予算物件が比較的多いエリアで、全古協の会員の方にとって、まずは1軒という物件になっています。

物件価格相場：100万〜400万円
リフォーム費用相場：250万〜350万円
家賃相場：4万〜5万5000円
平均表面利回り：12〜14%

大阪府東大阪市、大東市、八尾市を中心とした**東大阪エリア**は、大阪市中心部のベッドタウンでもありながら地場の働き場所も多く、幅広い賃貸ニーズが見込めます。全古協のなかで最も歴史が長く、実績の多いエリアです。

物件価格相場：200万〜350万円
リフォーム費用相場：200万〜350万円
家賃相場：4万5000〜6万円
平均表面利回り：12〜13％

大阪府藤井寺市を中心に、羽曳野《はびきの》市、柏原市、富田林《とんだばやし》市を含む**藤井寺エリア**です。大阪の都心部へのアクセスが抜群に良く、ほどよい郊外で快適に過ごせ、移住者の問い合わせが非常に多い地域です。地域の催しものも多く、地元愛にあふれ、定住者の住み替えが多い地域と見受けられます。

物件価格相場：100万〜400万円
リフォーム費用相場：250万〜350万円
家賃相場：4万円〜5万5000円
平均表面利回り：12〜14％

大阪府堺市、大阪市住吉区・西成区をメインに周辺の東住吉区や平野区、住之江区までを含む**天王寺エリア**は、再建築可の物件は少ないですが、大阪都心部へのアクセスは良い地域が多く、高い家賃が取れるエリアです。また最寄り駅から遠い地域でも入居が付きやすい印象です。

物件価格相場：400万～600万円
リフォーム費用相場：230万円前後
家賃相場：5万～6万円
平均表面利回り：13～14％

大阪南西部に位置し和歌山県にも近い泉州の**阪和エリア**は、戸建が多く土地が広いのが特徴で、ファミリーから単身者まで幅広い層の需要があります。

物件価格相場：350万～450万円
リフォーム費用相場：200万～300万円
家賃相場：5万～6万円
平均表面利回り：12～14％

兵庫県尼崎市を中心に周辺の大阪市西淀川区、豊中市、西宮市、伊丹市を含むエリアです。とくに尼崎市は、大阪市と神戸市へ電車で20分以内で行けるため交通の便から賃貸需

要が比較的高く、坂が少ないため自転車での移動がとても楽なところです。

物件価格相場：500万〜600万円
リフォーム費用相場：200万〜300万円
家賃相場：5万7000円〜7万円
平均表面利回り：13〜15％

兵庫県神戸市垂水《たるみ》区、長田区、兵庫区、須磨《すま》区を中心に、周辺の明石市、灘《なだ》区、東灘区、中央区、北区、西区を対象とした**神戸エリア**は、大阪・尼崎・神戸三宮への通勤通学も便利で、ファミリーから単身者まで幅広い賃貸ニーズが見込めます。神戸市は政令指定都市でありネームバリューのある土地ではあるもののリーズナブルな物件も多く、初めての方から百戦錬磨のベテラン大家までさまざまニーズに合った、物件豊富な場所です。

物件価格相場：100万〜400万円
リフォーム費用相場：200万〜300万円
家賃相場：5万〜6万円
平均表面利回り：12〜15％

兵庫県姫路市、高砂市、加古川市を中心とした**姫路エリア**は、車社会のエリアですので車庫付きで駅から徒歩圏内の物件が中心になります。土地は平坦で移動がしやすく商業施設も充実しており、とても住みやすい環境です。土地の面積は100㎡前後、建物は70㎡前後で3LDKを中心にファミリー層向けでゆったりと住むことができ、ペットも飼育しやすい環境です。再建築もできる物件が多くとても魅力的なエリアです。

物件価格相場：300万〜400万円
リフォーム費用相場：200万〜300万円
家賃相場：6万〜7万円
平均表面利回り：12〜14％

【中国地域の情報】

岡山県倉敷市は、多くの方がご存じの通り有名な観光地です。実際、空き家・古家再生する立地は倉敷市中心部ではなく郊外にはなりますが、この地域は車社会で、車を使用すれば市内まで20〜30分で行ける物件が多いので、立地というよりも建物の状態をチェックするのがポイントになります。

物件価格相場：200万〜300万円

リフォーム費用相場：300万〜500万円

家賃相場：5万〜6万円

平均表面利回り：12〜13%

【九州地域の情報】

福岡県北九州市東部の**小倉・門司《もじ》地区**は、駐車場あり、再建築可能な物件が多くあります。北九州市はかつて製鉄の町として栄えていた町ですが、いまはその面影はまったくありません。だからこそ、空き家・古家投資として面白いエリアです。

物件価格相場：100万〜300万円

リフォーム費用相場：200万〜450万円

家賃相場：4万〜6万円

平均表面利回り：12〜15%

熊本県熊本市、合志《こうし》市、菊陽町《きくようまち》、大津町、菊池市、山鹿《やまが》市を中心とした**熊本エリア**は、価格の安い物件も多くあり、広い物件も多く、多様な古家があります。世界最大手の半導体企業が菊陽町に進出したことで関連工場の進出も相次いでいて売買価格が高騰中です

が、今後長期にわたって賃貸需要が見込めるエリアです。なかでも、菊池市、山鹿市に物件が多くあります。

物件価格相場：50万～350万円
リフォーム費用相場：300万～400万円
家賃相場：5万～5万8000円
平均表面利回り：9～19％

おわりに

最後までお読みいただきありがとうございます。空き家・古家投資、再生の旅はここでいったん区切りをつけますが、あなたの冒険はこれからが本番です。

この本を通じて、地方の空き家・古家が持つ無限の可能性と、それを再生することで生まれる多くの機会について学んできました。しかし、知識だけでは何も始まりません。大切なのは、この知識を生かし、実際に行動に移すことです。

そこで、あなたがこれからどのようなステップを踏むべきか、以下に簡単なアクションプラン（コンパス）を示してみました。

市場調査：あなたの興味がある地域の空き家・古家の現状を調査します。
ネットワーキング：地元の不動産業者、行政、地域住民との関係を築き情報を集めます。
物件選定：投資対象となる物件を選び、実際に現地を訪れます。
財務計画：リフォームや運営に必要な予算を計画し、資金調達の方法を検討します。
プロとの協力：古家再生士のような専門のリフォーム業者とコミュニケーションを取り

関係をつくります。

実行・実践：計画に基づき、収支シミュレーションを立て、買い付け・契約・決済をします。

管理と運営：入居者の募集から管理まで、物件が持続可能な収益を生むように運営します。

「**市場調査→ネットワーキング→物件選定→財務計画→プロとの協力→実行→管理と運営**」という流れをＰＤＣＡのように回すことにより、再現性が高められてリスクがより低くなり、物件戸数・家賃収入も大きくなっていきます。

このコンパスが、あなたの旅立ちの背中を押し、目指すゴールへと導いてくれるでしょう。

また、この本に書かれている内容は、あくまで一例です。地域によっては異なるアプローチが必要になるかもしれません。そんな場合でも迷わないためには、常に最新の市場動向を学び、柔軟な思考を持つことが重要です。そのために人との出会い、関係性を大切にしてください。

自分自身で学び続けることが、成功への道を切り開く鍵となるのです。

あなたがこの本を手に取った理由は、何かを変えたいという一心からだったはずです。空き家・古家投資、再生の旅は、単なる不動産投資を超えて、地域社会への貢献、そして新しい価値を創造する旅です。

この旅があなたにとって、ただのビジネスではなく、人生を豊かにする冒険となることを心から願っています。


あなたの行動が、新たな地方創生の一歩となりますように。

幸運を祈りつつ。


一般社団法人全国古家再生推進協議会　理事長　大熊重之

謝辞

このたびの出版にあたり、心から感謝申し上げます。本書が世に出るには多くの方々のご支援とご協力が不可欠でした。

まず初めに、私の思いを形にするためのプラットフォームを提供してくださった日本実業出版社に深く感謝いたします。出版の道のりは決して平坦ではありませんでしたが、日本実業出版社の中尾淳さん、細野淳さん、そして編集者の稲川智士さんをはじめとする編集チームの皆様が、その専門知識と情熱でこのプロジェクトを成功に導いてくださいました。

また、アンケートやインタビューにご協力いただいた古家再生投資プランナーの皆様、貴重な実例を提供してくださった全国の古家再生士の皆様には、この場を借りて心からの感謝を表します。あなた方の経験と知識のシェアがあったからこそ、読者の方が身近に感じられ、すぐに実践できる内容になったと思います。

さらに、一般社団法人全国古家再生推進協議会の関係会社と事務局スタッフの皆様の献身的なサポートにも深く感謝しております。皆様の尽力があってこそ、私たちは多くの人々に地方の空き家・古家再生の可能性を広めることができました。

最後に、この本を手に取ってくださるすべての読者の皆様に感謝します。皆様の関心と行動が、日本の地方創生の新たな扉を開く鍵となることを信じています。

この本が、少しでも皆様のお役に立てれば幸いです。

大熊重之（おおくま　しげゆき）
一般社団法人全国古家再生推進協議会理事長。株式会社オークマ工塗代表取締役。その他3社の代表、3社の役員を務める。2000年5月、東大阪の小さな貸工場で部品塗装の会社を開業。従業員3人から始めて、下請け業の経営に苦しむものの、2013年に始めた空き家・古家不動産投資がきっかけで会社が5社になり、2023年にはグループ売上6.4億円となる。
一般社団法人全国古家再生推進協議会は、2023年12月現在会員数が1万4000人を超え、空き家再生数は2000棟以上。空き家投資の知識と経験が得られる空き家古家物件見学ツアーは、毎年増え全国31地域で開催され累計開催数は1200回、参加者は6500人を超える。その実績が認められ、2023年国土交通省の不動産アワードで優秀賞を受賞する。
著書に『儲かる! 空き家・古家不動産投資入門』『空き家・古家不動産投資で利益をつくる』（いずれもフォレスト出版）がある。

地方《ちほう》は宝《たから》の山《やま》！
リスクを極限《きょくげん》まで抑《おさ》えて儲《もう》ける「空《あ》き家《や》・古家《ふるいえ》」不動産投資《ふどうさんとうし》

2024年 5月20日　初版発行

著　者　大熊重之
発行者　杉本淳一

発行所　株式会社日本実業出版社　東京都新宿区市谷本村町3-29 〒162-0845
編集部　☎03-3268-5651
営業部　☎03-3268-5161　振　替　00170-1-25349
https://www.njg.co.jp/

印刷・製本／図書印刷

ISBN 978-4-534-06106-5　Printed in JAPAN